HERMANN LUEER

WARUM VERHUNGERN TÄGLICH 100.000 MENSCHEN?

ARGUMENTE GEGEN DIE MARKTWIRTSCHAFT

Hermann Lueer, »Warum verhungern täglich 100.000 Menschen?«
3. überarbeitete Auflage 2008

Die Edition Octopus erscheint im
Verlagshaus Monsenstein und Vannerdat OHG Münster
www.edition-octopus.de

Satz: Hermann Lueer
Umschlag: MV-Verlag
Illustrationen: Niki Bong
Druck und Bindung: MV-Verlag
ISBN 978-3-86582-517-9

Umschlagsvorderseite:
Graffiti am Bahnhof Winterthur
Foto von Skylar80 www.photocase.com

Vorwort

1 Ware und Geld: Ein Mittel gegen die Armut?

2 Wie wird man Milliardär, während andere verhungern?

3 Wirtschaftskrise: Kein Untergang des Wirtschaftssystems sondern Neuanfang auf Kosten der abhängig Beschäftigten

4 Betroffenheit oder Kritik?

Vorwort

Jeder weiß, dass täglich Tausende an Hunger sterben, keiner findet das gut. Nur was folgt daraus, dass man das nicht gut findet?

Wenn man sich mit dem täglichen Verhungern von Menschen nicht abfinden will, muss man der Sache einmal auf den Grund gehen und sich ernsthaft fragen, warum es immerzu und immer mehr Armut auf der Welt gibt. Nur wenn man den Grund richtig bestimmt hat, kann man daran arbeiten, die Ursache abzuschaffen.

Wen es also wirklich stört, muss folgendes Rätsel lösen: Alles was man zum Leben benötigt, wird in den Industrieländern im Überfluss hergestellt. Zugleich gibt es auch dort immer mehr Armut. Wie kann das sein?

1. Ware und Geld: Ein Mittel gegen die Armut?

»Der Reichtum der Gesellschaften, in welchen kapitalistische Produktionsweise herrscht, erscheint als eine ungeheure Warensammlung ...« [1]

Das heißt, es gibt alles …

Die berühmten Agrarüberschüsse: Milchseen, Fleischberge und sogar Fördermittel, um Ackerland in Brachland umzuwandeln. Die Wunder der Technik: Von der fortgeschrittenen Medizintechnik über die weltweite Kommunikation im Internet bis hin zur Raumfahrt ist heute fast alles machbar. Die grenzenlosen Konsummöglichkeiten: Alle Verrücktheiten können befriedigt werden, millionenschwere Autos, der edle Diamant an der Sandale bis hin zum Picasso-Gemälde für 104 Mio. $.

... aber für viele nichts:

Mehr als eine Milliarde Menschen weltweit trinkt nach UN-Angaben verschmutztes Wasser und 40 Prozent der Weltbevölkerung haben keinen Zugang zu angemessenen Sanitäranlagen. Mit dem Ausdruck Welthunger wird die dramatische Situation beschrieben, dass derzeit rund 850 Millionen Menschen von Hunger und Unterernährung betroffen sind. Jeden Tag verhungern bis zu 100.000 Menschen oder sterben an den Folgen chronischer Unterernährung.[2]

---

[1] Karl Marx, Das Kapital – Kritik der politischen Ökonomie, Bd.1, S.49, Dietz Verlag 1971

[2] vgl. hierzu: http://www.welthungerhilfe.de

Offensichtlich ist jede Verrücktheit, die man bezahlen kann, wichtiger als das elementarste Bedürfnis. Verhungern, Trinkwassermangel, Analphabetentum, Straßenkinder, Altersarmut etc. sind im 21. Jahrhundert keine Naturgegebenheit, sondern eine Begleiterscheinung der globalen Marktwirtschaft. Es ist nicht so, dass die führenden marktwirtschaftlich organisierten Industrienationen technologisch nicht in der Lage wären, die Weltbevölkerung zu ernähren. Es muss Gründe geben, warum dies nicht gewollt wird. Warum ist das so?

1.1 Warum soll der Mensch keine Ware sein?

Dass der Mensch keine Ware sein soll, unterschreibt noch jeder. Eine gewisse Ahnung davon, dass Waren fragwürdige Dinge sind, ist auch Aussagen wie »Bildung soll keine Ware sein« oder »Gesundheit soll keine Ware sein« zu entnehmen. Offensichtlich ist also durchaus bekannt, dass Waren etwas Unangenehmes an sich haben. Trotzdem soll der Ausschluss vom Benutzen, der mit der Ware gegeben ist, für alle anderen Dinge in keiner Form in Frage gestellt werden. So möchte man diejenigen, die Gesundheit von der Warenform ausnehmen wollen, fragen: Was soll denn dann überhaupt Ware sein? Warum soll dann Wasser eine Ware sein oder Lebensmittel oder Wohnungen?

Vielleicht ist es ja hilfreich, sich einmal zu erklären, was eigentlich das äußerst Unangenehme und Brutale daran ist, dass alles, was man zum Leben braucht, einen Preis hat, also nur als Ware zu haben ist.

1.1.1 Waren zur Versorgung oder als Mittel zum Geldverdienen?

Wenn in einer Gesellschaft Gebrauchsgegenstände produziert werden, sollte man meinen, es ginge darum, sie qualitativ hochwertig und in genügender Anzahl herzustellen, um sie der Bevölkerung zur Verfügung zu stellen. Bereits bei der Produktion wäre also festgelegt, welchen gesellschaftlichen Bedürfnissen sie dient. Die Produkte wären schon in der Betätigung der gesellschaftlichen Arbeitskraft für diesen Zweck hergestellt und kämen nach ihrer Herstellung zur Verteilung an alle Individuen. Die Wirtschaft wäre für die Herstellung der Produkte für die Individuen eingerichtet und die Produkte wären keine Waren, die erst nach der Produktion verkauft werden müssten und erst nach dem Verkauf ihren gesellschaftlichen Nutzen erreicht hätten. Wissenschaftliche Erkenntnisse, Forschung und Entwicklung würden hierbei gezielt genutzt, um Rohstoffe und Produktionsverfahren dahingehend zu überprüfen, dass keine gesundheitsschädlichen Dinge hergestellt werden. Die Arbeitsbedingungen wären selbstverständlich ebenso wesentlicher Bestandteil der Beurteilung, ob und wie etwas produziert wird. Ebenso der Einfluss auf die Umwelt. Mit anderen Worten: Der Zweck der Produktion wäre die Bedürfnisbefriedigung.

Sobald Gebrauchsgegenstände als Waren hergestellt werden, ändert sich der Zweck der Produktion. Waren müssen verkauft werden, um über das damit eingenommene Geld selbst Waren kaufen können. Es geht bei der Warenproduktion nicht darum, nützliche Dinge unter selbstverständlich verträglichen Arbeits- und Umweltbedingungen zu entwickeln und herzustellen und in einer arbeitsteiligen Gesellschaft planmäßig zu verteilen. Als Waren bekommen die Produkte der Arbeit einen Doppelcharakter. Sie haben einerseits einen Gebrauchswert, damit sie überhaupt von anderen gewollt werden. Sie haben andererseits einen Wert, der als Preisschild an ihnen hängt. Vor dem Gebrauch steht also das Bezahlen. In der Warenproduktion sind die Gebrauchswerte nur Mittel zum Zweck, Geld zu verdienen. Das merkt man daran, dass die Produzenten und Handelsgesellschaften die verschiedensten Sorten von gleichen Waren anbieten, billige und teure, qualitativ hochwertige und minderwertige, gesunde und ungesunde. Wäre der Zweck die Bedürfnisbefriedigung, würde niemand auf so einen Unsinn kommen. In der warenproduzierenden Gesellschaft ist der Gebrauchswert aber lediglich Mittel, um den kalkulierten Preis in Geld zu verwandeln, und das hat weitreichende Folgen für den Gebrauchswert. Als Mittel für den Verkauf wird haarscharf kalkuliert, woran man sparen kann. Seine Qualität lässt sich verkaufsgerecht modifizieren. Die Menge des Geldes, über die jemand aus welchem Grund auch immer verfügt, bestimmt somit die Freiheit der Wahl. Die Auswahl und der Konsum von Produkten regeln sich dann nicht nach dem zu befriedigenden Bedürfnis, sondern werden abhängig von der Menge des Geldes, das jemand hat. So feinsinnig der Unterschied klingt, so unangenehm und brutal sind die Folgen!

Was an »nützlichen« Dingen hergestellt wird, **ob überhaupt** und **für wen** produziert wird, entscheidet das Kriterium der Verkaufbarkeit auf dem Markt. Die Folgen sind keinem unbekannt. Wen sie stören, der sollte den Grund ernst nehmen.

Beispiel Lebensmittel – Gesundheit und Qualität?

Gesunder Brotaufstrich für die ganze Familie, mit wertvollen Vitaminen, schonende Verarbeitung, Premiumprodukt aus erlesenen Rohstoffen, aus kontrolliertem Anbau. Stimmt das? Natürlich hat jeder Grund zu zweifeln. Solange nicht das Gegenteil nachgewiesen wird, sind die verkaufsfördernden Marketingversprechen billig zu haben. Für die Produktion gelten bekanntlich daneben harte Kosteneffizienzgesichtspunkte. Wenn Lebensmittel produziert werden, um verkauft zu werden, dann leidet notwendigerweise der Gebrauchswert in dieser Kalkulation.

Wer kennt nicht die schönen Zutaten: vom Geschmacksverstärker über diverse synthetische Farbstoffe, Konservierungsmittel, Weichmacher, Stabilisatoren bis hin zu gentechnischen Veränderungen. Der Zweck ist nicht der Geschmack, der Vitamin- oder Nährstoffgehalt, sondern das beste Verhältnis von Kosten und Ertrag. Schnelles Wachstum, gute Transporttauglichkeit und ein verkaufstaugliches ansprechendes Aussehen sind in dieser Kalkulation immer wichtiger als Geschmack und Gesundheit. Allergien oder Krebs werden hier erst geschäftsschädigend, wenn sich die Produkte nicht mehr verkaufen lassen.

Die regelmäßig auftauchenden Lebensmittelskandale (»Man weiß ja schon gar nicht mehr, was man essen soll«) sind dann die notwendige Spitze des Eisberges! Der gesundheitsschädliche Umgang mit Lebensmitteln ist dabei so alt wie die Ware selbst. Und hieran wird sich nichts ändern, solange es Warenproduktion gibt.

Die staatlichen Lebensmittelgesetze und -grenzwerte zeigen, dass auch der Gesetzgeber fest damit rechnet, dass die Warenproduzenten, die in Konkurrenz zueinander verkaufen müssen, auf allerlei gesundheitsschädliche Ideen kommen, um ihre Waren billiger oder vermeintlich attraktiver zu machen. Die für notwendig befundenen staatlichen Grenzwerte und Kontrollen wollen an diesem Prinzip nichts ändern, weil sie den Grund für die verkaufsfördernden Aktivitäten nicht kritisieren, sondern allein den notwendigen Schaden in Grenzen halten wollen. Die Konsumenten dürfen lediglich nicht so stark geschädigt werden, dass sie nicht mehr als Arbeiter und Verbraucher funktionieren und so das System der Marktwirtschaft gefährdet wird. Das Kriterium für die Höhe der festgelegten Grenzwerte ist daher auch nicht die Qualität des Gebrauchswertes. Wenn man die Qualität sicherstellen wollte, müsste man den Gebrauchswert konsequenterweise zum Zweck der Produktion machen und die Warenproduktion, die ihn zum bloßen Mittel degradiert, abschaffen. Behält man bei, dass es alle Lebensmittel nur als Ware gibt, hat man genau diese Sorte Salat auf dem Teller.

Auch ein friedlich und idyllisch anmutender Ökomarkt funktioniert nach der gleichen Gesetzmäßigkeit der Marktwirtschaft. Da mag der einzelne Produzent noch so viele Ideale bezogen auf seine Produkte pflegen. Als Warenproduzent steht er mit seiner Privatarbeit in Konkurrenz zu seinem Nachbarn. Dessen Erfolg beim Verkauf ist sein Misserfolg und umgekehrt. Der Zweck ist auch hier das Geld. Inwieweit dieser sich realisieren lässt – oder ob man vielleicht seine Ideale etwas modifizieren muss – entscheidet der Markt.

Beispiel Medizin – Forschung für lohnende Medikamente

ÄRZTE OHNE GRENZEN fordern im Rahmen ihrer Medikamentenkampagne die Entwicklung neuer Behandlungsmethoden für vernachlässigte Krankheiten in ärmeren Ländern. »Jährlich sterben rund 15 Millionen Menschen an behandelbaren Infektionskrankheiten. Längst im Griff geglaubte Seuchen wie Tuberkulose, Malaria oder Schlafkrankheit breiten sich wieder in erschreckendem Maße aus, und viele Krankheitserreger sind inzwischen gegenüber herkömmlichen Medikamenten resistent geworden, so dass Neuentwicklungen dringend erforderlich wären. Häufig machen die Mitarbeiter von ÄRZTE OHNE GRENZEN die Erfahrung, dass Patienten nicht behandelt werden können, weil die dafür notwendigen Medikamente für die Bevölkerung in ärmeren Ländern nicht zur Verfügung stehen … Weltweit wird kaum in die Entwicklung und Forschung von Medikamenten zur Behandlung von Tropenkrankheiten investiert.«[3]

---

[3] http://www.aerzte-ohne-grenzen.de/Medikamentenkampagne.php September 2006

Eigentlich sollte die Pharmaindustrie sich im Rahmen ihrer Forschung und Entwicklung um nützliche und dringend erforderliche Gebrauchswerte kümmern, so das Ideal. Die Wirklichkeit sieht anders aus und das hat seinen Grund. Als Ware werden Medikament und Medizin nicht erforscht und hergestellt, um sie an Bedürftige zu verteilen. Das wäre vom Zweck der effizienten Wertproduktion Verschwendung von Ressourcen. Darum unterbleibt schon die Forschung für Medizin und Medikamente, für die absehbar keine zahlungsfähige Nachfrage vorhanden ist. Da können noch so viele Appelle an die Pharmaindustrie, die Regierung oder die Weltgesundheitsorganisation gerichtet werden. Ändern wird sich nichts, solange das Wirtschaftssystem die Sachnotwendigkeiten vorgibt, an denen sich das Ideal regelmäßig blamiert.

Der Zweck der Warenproduktion, das Geld, gibt nicht nur das Kriterium vor, **was** produziert wird, er bestimmt auch darüber, **ob überhaupt** produziert wird. Und dabei gibt es dann häufig auch das gegenteilige marktwirtschaftliche Phänomen, nämlich dass zuviel produziert wurde.

Beispiel Überproduktion – »Äpfel so billig wie nie zuvor. 1000 Obstbauern bangen um ihre Existenz.«

Offensichtlich war die Ernte gut. Es gibt genug Äpfel. Aber darum geht es ja bei der Warenproduktion nicht. Der Zweck der Warenproduktion ist das Geld, der Tauschwert, und dieser sinkt, wenn alle eine gute Ernte hatten. Der eine oder andere Obstbauer ist ruiniert, gibt seinen Hof auf, lässt die Apfelbäume verwildern oder fällen. Verrückt ist das nicht. Es ist die notwendige Konsequenz, wenn Äpfel nicht planmäßig als Gebrauchswerte, sondern effizient als Waren produziert werden.

Beispiel Konjunkturkrise – keine Naturkatastrophe, sondern zuviel Produktion

Marktwirtschaft und Konjunkturkrise gehören zusammen. Durchaus ein bemerkenswertes Phänomen![4]

In der Konjunkturkrise werden vollständig funktionsfähige Produktionsanlagen geschlossen. Menschen werden arbeitslos, d.h., sie dürfen nicht mehr arbeiten. Die Verarmung und damit der Ausschluss vom Reichtum steigt und alles ohne wirkliche Not – keine Überschwemmung, kein Erdbeben, kein Feuer. Gemessen an der zahlungsfähigen Nachfrage ist einfach zu viel produziert worden. Es wurde auf Halde produziert, ist das bekannte Synonym für Konjunkturkrise. Die Versorgung mit Gebrauchsgegenständen könnte also genauso weiter stattfinden, wenn die planmäßige Gebrauchswertherstellung und -verteilung Zweck und nicht nur Mittel der Produktion wäre. Ist sie aber nicht. Da Warenproduktion über den Zweck gesteuert wird, Geld zu verdienen, ist es in der Tat nur konsequent, Produktionsstätten zu schließen und Maschinen zu verschrotten, wenn keine zahlungsfähige Nachfrage vorliegt. Es geht ja schließlich nicht um Versorgung!

Neben der Überlegung, **was** bzw. **ob überhaupt** produziert wird, stellt sich vom Zweck der Warenproduktion noch die Frage, **für wen** produziert wird.

Bei der Warenproduktion wird zwischen Bedürfnissen und zahlungsfähigen Bedürfnissen unterschieden. Wer nicht zahlen kann, hat auch keine Bedürfnisse, zumindest sind sie vom Standpunkt des Warenproduzenten nichts wert. Mit anderen Worten: Es zählt nur das zahlungsfähige Bedürfnis.

---

[4] Warum das so ist, wird in Kapitel 3 erklärt.

Beispiel Agrarüberschüsse und Hunger

Agrarüberschüsse sind ein Problem, ob es sich nun um Milchseen, Fleischberge oder einfach zuviel Getreide handelt. Allein in Europa werden jährlich Millionenbeträge für Lagerung und Vernichtung »überflüssiger« Lebensmittel ausgegeben. Zudem gibt es Subventionen in Millionenhöhe, um zusätzliche Produktion, die problemlos möglich wäre, zu verhindern (Milchquoten, Brachlandförderung). Welthunger gilt daneben auch als Problem. Aber 850 Millionen hungernden Menschen mit den »überflüssigen« Agrarüberschüssen bzw. der leicht möglichen Steigerung der Lebensmittelproduktion zu helfen, ist marktwirtschaftlich unmöglich. Die einfache Verteilung der als Waren produzierten, überschüssigen Gebrauchsgegenstände ist vom Standpunkt der Wertproduktion unsinnig und schädlich. Sie würde sogar den Zweck der Warenproduktion gefährden. Wenn Lebensmittel verteilt werden, kauft sie keiner mehr, und wenn keiner sie kauft, entfällt der Grund für den Warenproduzenten zu produzieren. So einfach können Lebensmittelüberschüsse und Welthunger nebeneinander existieren.[5]

Solange der Zweck, Geld zu verdienen, der Steuerungsmechanismus des Wirtschaftsystems sein soll, ist das Resultat, dass nur das zahlungsfähige Bedürfnis zählt, unausweichlich. Dann verhungern eben jährlich Millionen Menschen, obwohl es auf der anderen Seite die »überflüssigen« Lebensmittel gibt. Da helfen natürlich auch keine wohlgemeinten Benefizkonzerte für die Hungernden und der allgemein verbreitete Konsens, dass gehol-

---

[5] Das heißt nicht, dass Hilfe überhaupt nicht stattfindet. Als Almosen oder politische Einflussnahme oder in Form sozialstaatlicher Regelungen gibt es Korrekturen an den Resultaten der marktwirtschaftlichen Konkurrenz, soweit die Funktionsfähigkeit der Marktwirtschaft dadurch nicht beeinträchtigt wird.

fen werden müsste.[6] Man kann es in jeder Zeitung neben den betroffenen Berichten über den Welthunger lesen: Es geht beim besten Willen nicht. Lebensmittel allen Bedürftigen zur Verfügung zu stellen, ist nicht sinnvoll, weil es lediglich den lokalen Lebensmittelmarkt zerstören und damit die Situation nur noch verschlechtern würde. Was übrigens keine faule Ausrede ist, sondern die bittere Wahrheit über die soziale Marktwirtschaft. Man kann den Hungernden nicht helfen, wenn man die Marktwirtschaft erhalten will, und die Marktwirtschaft erhalten, wollen offensichtlich alle. Hilfe zur Selbsthilfe bleibt dann das einzige, fast schon zynische Angebot, das marktwirtschaftlich verträglich ist. Hilfe zur Selbsthilfe als Verpflichtung, in der Konkurrenz der Warenproduzenten erneut sein Glück zu versuchen, obwohl diese Konkurrenz gerade der Ausgangspunkt für die eigene Notlage war.

6 »Concert for Bangladesh« war 1971 die erste dieser wohlgemeinten Betroffenheitsveranstaltungen. Da hierbei keine Gründe für den Welthunger genannt und damit kritisiert werden, wird auch keine der Folgeveranstaltungen etwas gegen das Verhungern von Millionen Menschen ausrichten können.

Beispiel Pharmazeutischer Patentschutz – kein Zugang zu Medikamenten in den ärmeren Ländern

»Zahlreiche lebensnotwendige Medikamente sind aufgrund des geltenden Patentrechtes (TRIPS) für die Bevölkerung der ärmeren Länder unbezahlbar. «[7]

Patentschutz ist das Unsinnigste, was man sich vorstellen kann. Da wird Wissen zur Ware. Statt Erkenntnisse auszutauschen und zur Herstellung nützlicher Dinge anzuwenden, ist Ausschluss vom Wissen gesetzliches Gebot. Für den marktwirtschaftlichen Warenproduzenten ist Patentschutz dagegen absolut erforderlich. Wer will sich schon durch erschwingliche Generika den Markt abgraben lassen. Das vom Standpunkt des Warenproduzenten absolut richtige Argument lautet: Wenn ich die verauslagten Investitionskosten für Forschung und Entwicklung nicht durch Exklusivität wieder einspielen kann (und sei es auf Kosten von Millionen Menschen), dann muss ich die Entwicklung einstellen und es gibt überhaupt keine Medikamente mehr. Da es dem Warenproduzenten nicht um die Versorgung mit notwendigen Medikamenten und medizinischer Ausrüstung geht, sondern um den Tauschwert, das Geld, sind medizinischer Fortschritt und unzureichende medizinische Versorgung marktwirtschaftlich kein Widerspruch.

Die Beispiele, die zeigen, dass es bei der Warenproduktion nicht um die Versorgung der Bevölkerung geht, ließen sich vielfältig fortsetzen:

- Wohnungsleerstand und Obdachlosigkeit
- Überkapazitäten und »Neue Armut«

---

[7] http://www.aerzte-ohne-grenzen.de/Medikamentenkampagne.php Sep. 2006

- Medizinischer Fortschritt und Krise des Gesundheitswesens
- Überstunden und Arbeitslosigkeit
- Produktivitätszuwachs und Altersarmut
- Lehrerarbeitslosigkeit und Bildungsnotstand

Die Kritik an der Ware darf dabei nicht einseitig dahingehend missverstanden werden, dass über den Zweck, Geld zu verdienen, die Qualität der Gebrauchswerte bzw. die Versorgung automatisch leidet. Mit der Ausrichtung der Produktion auf Verkaufbarkeit werden *alle zahlungsfähigen* Bedürfnisse erfüllt: der luxuriös ausgestattete Privatjet, der handgefertigte Sportwagen, die Designerarmbanduhr für 45.000 € und die billigen Lebensmittel. Die Unterordnung unter den Zweck der Verkaufbarkeit und damit die Spekulation auf massenhaft arme und verhältnismäßig wenig reiche Kaufkraft – so werden die Individuen gesehen! – »steuert« den Einsatz aller gesellschaftlichen Potenzen der Produktion durch die unabhängigen Privatproduzenten und gibt vor, welches Bedürfnis zählt. Aufgrund dieser Unterordnung wird in der Marktwirtschaft das gesellschaftliche Arbeitsvermögen für das exzentrischste Einzelbedürfnis bereitgestellt, wenn Individuen aus welchem Grund auch immer über die entsprechende zahlungsfähige Nachfrage verfügen. Zugleich wird gesellschaftliche Arbeit in minderwertige Gebrauchsgegenstände investiert, um die geringe Zahlungsfähigkeit eines Großteils der Bevölkerung zu bedienen.

Die Organisation der gesellschaftlichen Reichtumsproduktion als Warenwirtschaft bestimmt über den Zweck, Geld zu verdienen, aber nicht nur *was*, *ob überhaupt* bzw. *für wen* produziert wird. Gebrauchswerte als Waren zu produzieren, gibt zugleich die Kriterien vor, *wie* produziert wird. Ein vom Standpunkt der Bedürfnisbefriedigung keineswegs unerheblicher Sachverhalt.

1.1.2 Arbeit als Mittel zum Leben oder leben für die Arbeit?

Wenn es dem Warenproduzenten nicht gelingt, seine Waren in Konkurrenz zu den anderen Marktteilnehmern zu verkaufen, er also kein Geld verdient, ist er selbst auch von den anderen Gebrauchsgegenständen ausgeschlossen. Zahlungsunfähige Bedürfnisse zählen nicht als Bedürfnisse. Sie sind nichts wert. Keiner kann sich in der Marktwirtschaft leisten, seine Waren zu verschenken. Der Zwang, in der Konkurrenz erfolgreich gegen die anderen verkaufen zu müssen, hat daher, wie die Beispiele gezeigt haben, notwendigerweise negative Auswirkungen auf den Umgang mit den Gebrauchsgegenständen, wie auch auf die Versorgung der Menschen mit den vorhandenen Reichtümern.

Genauso wenig, wie man aber in der Marktwirtschaft Rücksicht auf die Qualität der Gebrauchswerte bzw. die Bedürfnisse der anderen Menschen nehmen kann –, sie sind immer nur Mittel, um selbst an Geld heranzukommen – genauso wenig kann der Warenproduzent Rücksicht auf seine eigene Arbeit nehmen. Niemand würde freiwillig irgendwelche nützlichen Dinge herstellen, ohne dabei zugleich auf die hierfür erforderlichen Arbeitsbedingungen zu achten. Das Bedürfnis nach bestimmten Sachen steht vernünftigerweise natürlich immer in einem Verhältnis zu dem erforderlichen Arbeitsaufwand. Die aufgewandte Arbeitszeit und die eigene Gesundheit, die womöglich unter dem Arbeitseinsatz leiden, gehören daher eindeutig mit in die Kalkulation, ob sich der Aufwand für eine Sache lohnt oder nicht. Anders beim Warenproduzenten! In der Warenproduktion wird die Produktion nicht gemeinschaftlich geplant und ausgeführt, sondern über die individuelle Konkurrenz um das Geld gesteuert. Ähnlich wie der Gebrauchswert, der als bloßes

Mittel zum Zweck degradiert wird, zählt bei der Warenproduktion die individuelle Anstrengung gar nicht. Ob die Arbeit sich lohnt, entscheidet sich nicht am Verhältnis von Arbeitsaufwand zu den geschaffenen Gebrauchswerten, sondern daran, ob die Waren verkauft werden können. Ob und wie man von seiner Arbeit leben kann, entscheidet damit die Konkurrenz.

Der Landwirt baut vielleicht geschickt das Getreide an, das den höchsten Preis verspricht. Auf dem Markt stellt er dann fest, dass es nicht nur seine Idee war und es somit, gemessen an der zahlungsfähigen Nachfrage, ein Überangebot gibt. Der Preis fällt und ob er seine Kosten decken kann oder ruiniert ist, bleibt sein Problem. Wenn er Pech hat, zählt er trotz allem Einsatz dann auch zu denen, deren Bedürfnisse nichts wert sind, weil sie sie nicht bezahlen können. Der Schuhmacher, der Metzger, der Uhrmacher, der Klempner, der Friseur oder der Ladenbesitzer: Sie mögen alle fleißig, motiviert und geschickt arbeiten. Abends, wenn sie spät nach Hause kommen, sind die Kinder vielleicht schon im Bett und am Wochenende ist noch Büroarbeit erforderlich. Ob sie trotz aller Anstrengung in Armut leben oder sogar irgendwann einmal Konkurs anmelden müssen und so zusammen mit ihrer Familie zu denen zählen, deren Bedürfnisse nichts mehr wert sind, entscheidet die Konkurrenz. Und wenn sie nicht zu den Verlierern zählen, dann sind es andere.

Es ist das Problem jedes Einzelnen, wie er sich mit seinen Mitteln und seinem persönlichen Arbeitsaufwand zum gesellschaftlichen Durchschnitt stellt. Spätestens auf dem Markt, wenn die zahlungsfähigen Kunden die Preise vergleichen, erfährt jeder im Nachhinein, was sein Aufwand wert ist, ob er überhaupt markttauglich ist. Es liegt also nicht in der Hand des einzelnen Marktteilnehmers, ob er erfolgreich seine Waren oder Dienstleistungen verkaufen kann, um so das erforderliche Geld für seine eigene Bedürfnisbefriedigung zu verdienen. Natürlich ist der eigene Einsatz – Fleiß, Geschick, Ausbildung usw. – nicht unbedeutend. Entscheidend ist aber der Vergleich mit den Mitteln, über die die Konkurrenz verfügt. Da mögen viele sich einbilden, über den eigenen Willen zum Erfolg bzw. über den eigenen Einsatz habe man es selbst in der Hand, wie die Konkurrenz entschieden wird. Die marktwirtschaftliche Wirklichkeit zeigt, dass die Zahl der Verlierer die der Gewinner bei weitem übersteigt. Dazu muss man gar nicht erst nach Afrika, Asien oder Lateinamerika schauen, ein Blick auf die Einkommensstatistik der reichsten Industrieländer belegt es auch.

Mit dem Zwang, in der Konkurrenz erfolgreich zu verkaufen, gibt es daher nicht nur genügend Anreize, die Gebrauchswerte entsprechend verkaufsträchtig zu gestalten, sondern es verbietet sich auch, zuviel Rücksicht auf die eigene Gesundheit zu nehmen. Je mehr gearbeitet wird, je rücksichtsloser gegen die eigene Gesundheit, desto besser die Chancen, seine Waren verkaufen zu können. Arbeitsschutz und Freizeitinteressen muss man sich erst einmal leisten können. In der Konkurrenz setzt man Maßstäbe für die anderen oder die anderen setzen Maßstäbe für einen selbst.

Die Marktwirtschaft, die Konkurrenz privater Warenbesitzer auf dem Markt, gilt weit und breit als das effizienteste Wirtschaftssystem. Die Frage ist bloß, auf was sich die Effizienz, das Verhältnis von Aufwand zu Ertrag, in der Marktwirtschaft eigentlich bezieht. Wenn die Versorgung mit nützlichen Dingen der Zweck ist, zielt die Leistungssteigerung darauf, bei gegebener Quantität und Qualität den Arbeitsaufwand zu verringern bzw. bei gegebenem Arbeitsaufwand die Versorgung zu verbessern. Ist, wie bei der Warenproduktion, der Zweck das Geld, geht es also darum, an möglichst viel Geld heranzukommen, zielt die Leistungssteigerung darauf, mehr und intensiver zu arbeiten.

So werden alle Marktteilnehmer zur Effizienz gezwungen. Effizienz bezogen auf das Geld, das man mit der Herstellung der Produkte verdienen will, und nicht bezogen auf die konkreten Arbeitsbedingungen, die Gebrauchswerte bzw. die Umwelt. Sie sind bloß Mittel zum Zweck. Wie würde man sonst auf die Idee kommen, ungesunde Lebensmittel zu produzieren oder Arbeitsbedingungen zuzulassen, die gesundheitsschädlich sind? Wenn das Geld zum Zweck der Produktion wird, dann wird der Arbeitsaufwand, das, was der Reichtum die Menschen kostet, zum Maßstab des Reichtums. Dann gilt nicht die Gesellschaft am reichsten, die den Aufwand gemessen am reichsten Gebrauchswert-Ertrag reduziert, sondern die, die möglichst viel Geld produziert. Statt die benötigten Gebrauchswerte effektiv mit so wenig Aufwand wie möglich herzustellen, wird bei der Warenproduktion möglichst viel und schnell gearbeitet, um Geld zu verdienen. Überstunden, Nachtarbeit, Wochenendarbeit und schlechte, d.h. billige Arbeitsbedingungen sowie entsprechende Gebrauchswerte verbessern die Chancen, möglichst viel oder, je nach Konkurrenzlage, überhaupt etwas für seine Arbeit zu bekommen.

1.1.3 Der Doppelcharakter der Ware

Was ist eigentlich der Tauschwert der Waren bzw. das Geld, um den sich in der Marktwirtschaft bei der Warenproduktion alles dreht?

»Die Nützlichkeit eines Dings macht es zum Gebrauchswert ... Dieser Charakter hängt nicht davon ab, ob die Aneignung seiner Gebrauchseigenschaften dem Menschen viel oder wenig Arbeit kostet. ... Der Tauschwert erscheint zunächst als das quantitative Verhältnis, die Proportion, worin sich Gebrauchswerte einer Art gegen Gebrauchswerte anderer Art austauschen, ein Verhältnis, das beständig mit Zeit und Ort wechselt. ... (Die sich vergleichenden Gebrauchswerte) sind also gleich einem Dritten, das an und für sich weder das eine noch das andere ist. Jedes der beiden, soweit es Tauschwert, muss also auf dies Dritte reduzierbar sein. ... (Dabei) ist es gerade die Abstraktion von ihren Gebrauchswerten, was das Austauschverhältnis der Waren augenscheinlich charakterisiert. Innerhalb desselben gilt ein Gebrauchswert gerade so viel wie jeder andre, wenn er nur in gehöriger Proportion vorhanden ist.«[8]

Die Gleichsetzung der verschiedenen Gebrauchswerte beruht hierbei auf der sie verbindenden Eigenschaft, dass sie Produkt von menschlicher Arbeit sind. »Mit dem nützlichen Charakter der Arbeitsprodukte verschwindet der nützliche Charakter der in ihnen dargestellten Arbeiten, es verschwinden also auch die verschiedenen konkreten Formen dieser Arbeiten, sie unterscheiden sich nicht länger, sondern sind allesamt reduziert auf gleiche menschliche Arbeit, abstrakt menschliche Arbeit.« Im Tauschwert sind daher die Qualität des Gebrauchswertes und die der konkreten menschlichen Arbeit nicht entscheidend. Der Tauschwert ist die »Verausgabung menschlicher Arbeitskraft ohne Rücksicht auf die Form ihrer Verausgabung ... Ein Gebrauchswert oder Gut hat also nur einen Wert, weil abstrakt menschliche Arbeit in ihm vergegenständlicht oder materialisiert ist.« »Indem sie ihre verschiedenartigen Produkte einander im Austausch als Werte gleichsetzen, setzen sie ihre verschiednen Arbeiten einander als menschliche Arbeit gleich. Sie wissen das nicht, aber sie tun es.«[9]

Wenn Waren gehandelt werden, findet also eine Gleichsetzung verschiedenartiger Gebrauchswerte statt. Auf die besondere Qualität des Gebrauchswerts und der in ihm enthaltenen Arbeit kommt es im Austausch dabei nicht an. Das ist komisch. Zwischen den Gebrauchswert und seinen Nutzen wird der Tauschwert gestellt. Es werden nicht einfach nützliche Dinge in dem an den Bedürfnissen gemessenen Umfang hergestellt und

---

[8] Vgl. hierzu und zu den folgenden Zitaten: Karl Marx, Das Kapital, Bd. 1, S. 50ff

[9] Karl Marx, Das Kapital, S. 88

zur Verfügung gestellt, sondern der Tauschwert, der vom Verhältnis zwischen Gebrauchswert und Nutzen abstrahiert, soll diesen Zusammenhang vermitteln. Das Maß für den Nutzen der hergestellten Gebrauchswerte ist dann aber nicht das Bedürfnis, sondern wird abhängig davon, wieviel Tauschwert (Geld) realisiert wird.

Woran misst sich nun die im Geld ausgedrückte Wertgröße meiner Ware? »Durch das Quantum der in ihr enthaltenen 'wertbildenden Substanz', der Arbeit. Die Quantität der Arbeit selbst misst sich an ihrer Zeitdauer ...« Das heißt natürlich nicht, dass jemand, der faul ist oder behindert oder einfach nur schwächer, mehr Wert schafft, weil er mehr Zeit benötigt. »Es ist ... nur das Quantum gesellschaftlich notwendiger Arbeit oder die zur Herstellung eines Gebrauchswerts gesellschaftlich notwendige Arbeitszeit, welche seine Wertgröße bestimmt...« Wer es nicht glauben will, merkt es spätestens, wenn er seine Waren verkaufen will. Da die zahlungsfähige Nachfrage gewöhnlich begrenzt ist, also ein »Überangebot« an Waren vorhanden ist, versucht jeder auf Kosten des anderen seine Waren an den Mann zu bringen. Wer über bessere Produktionsmittel verfügt, geschickter, stärker oder einfach gesünder ist, kann mehr in gleicher Zeit herstellen und den Preis im Vergleich zur Konkurrenz senken. Wer ungeschickter, schwächer oder einfach nur krank ist, bleibt auf der Strecke.

Wenn Arbeit als konkrete Tätigkeit nicht nur Produkte herstellt, die für die Bedürfnisse der Menschen nützlich sind, sondern wenn mit den Produkten Geld erwirtschaftet werden soll, dann muss die Arbeit neben dem konkreten Arbeitsergebnis den Waren die Wert- bzw. Geldeigenschaft hinzufügen, die sich dann beim Verkauf realisiert. Dafür muss eine Qualität an der Arbeit gemessen werden, die sie mit allen Arbeiten gleich macht und an einem Durchschnitt misst. In dem Doppelcharakter der Ware als Gebrauchswert und Tauschwert stellt sich damit gleichzeitig ein doppelter Charakter der Arbeit dar. Sie ist nützliche Arbeit, die Gebrauchswerte schafft, und abstrakte Arbeit, reine Verausgabung von Arbeitskraft, gleichgültig in welcher nützlichen Weise sie betätigt wird. Als abstrakte, wertschaffende Arbeit interessiert an den vielen konkreten Arbeiten nur der Maßstab des Arbeitens überhaupt. Produktive Verausgabung von menschlichem Hirn, Muskel, Nerv usw. Unter diesem Maßstab muss die Arbeit 1. möglichst lange stattfinden, 2. intensiv sein und 3. dem technischen Stand angepasst produktiv sein. Die Privatproduzenten zwingen sich über den Preiskampf ihrer Waren ständig den Vergleich auf, ob die darin enthaltenen Arbeiten als Teil dieses Durchschnitts gelten. Die konkrete individuelle Arbeit zählt so auf dem Markt im Vergleich zur Konkurrenz nur als abstrakte, gesellschaftlich durchschnittliche Arbeit.

Der Doppelcharakter der Ware ist keine Eigenschaft, die den Dingen qua Natur zukommt. Diese Eigenschaft ist etwas Gesellschaftliches. Dadurch, dass die Menschen als Privateigentümer alle Produkte als Waren produzieren, treten sie erst nach der Produktion auf dem Markt in eine ökonomische gesellschaftliche Beziehung. Der Markt soll die Bereitstellung von Produkten und Dienstleistungen nun für alle Nachfrager in der Gesellschaft regeln. Anstelle einer planmäßigen gesellschaftlichen Organisation ihrer Versorgung ordnen sich die Menschen damit aber dem Geld unter und erfüllen dessen Funktionen. Das unschöne Resultat der Macht des Geldes kann man globalisiert bewundern.

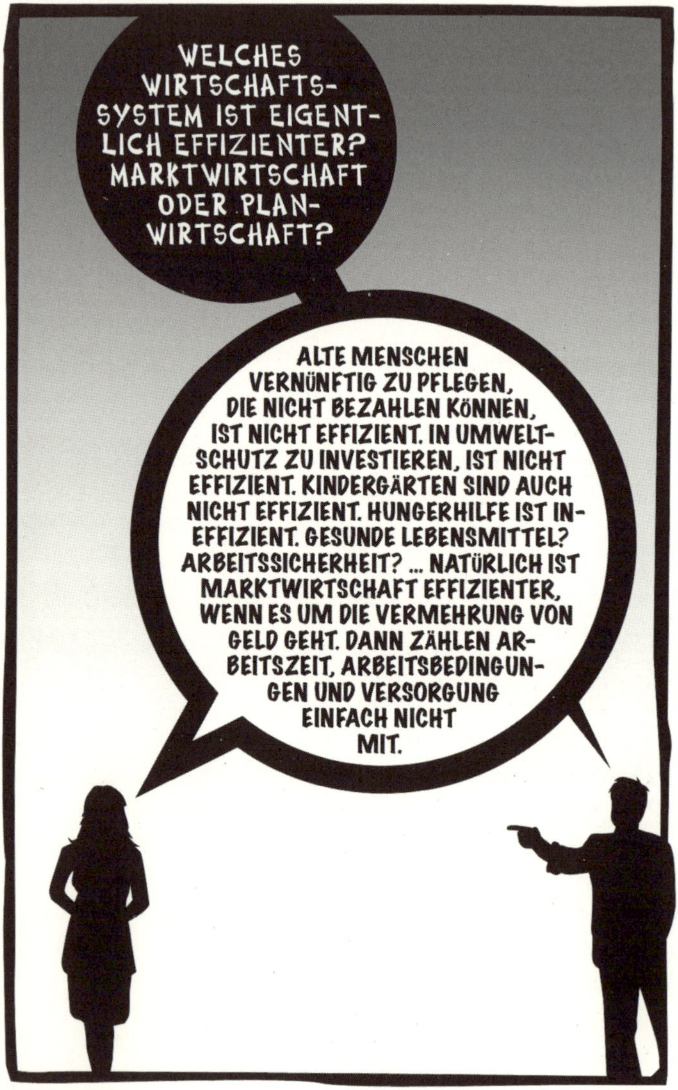
WELCHES WIRTSCHAFTS-SYSTEM IST EIGENTLICH EFFIZIENTER? MARKTWIRTSCHAFT ODER PLAN-WIRTSCHAFT?
ALTE MENSCHEN VERNÜNFTIG ZU PFLEGEN, DIE NICHT BEZAHLEN KÖNNEN, IST NICHT EFFIZIENT. IN UMWELT-SCHUTZ ZU INVESTIEREN, IST NICHT EFFIZIENT. KINDERGÄRTEN SIND AUCH NICHT EFFIZIENT. HUNGERHILFE IST IN-EFFIZIENT. GESUNDE LEBENSMITTEL? ARBEITSSICHERHEIT? ... NATÜRLICH IST MARKTWIRTSCHAFT EFFIZIENTER, WENN ES UM DIE VERMEHRUNG VON GELD GEHT. DANN ZÄHLEN AR-BEITSZEIT, ARBEITSBEDINGUN-GEN UND VERSORGUNG EINFACH NICHT MIT.

1.2 Das Geld und die Gewalt

Wer Geld hat, besitzt den Zugang zum Reichtum der Welt. Wer es nicht besitzt, verhungert neben den Reichtümern der Gesellschaft. Wer Geld besitzt, kann sich von anderen die Schuhe putzen lassen, Liebschaften kaufen oder schlicht andere für sich arbeiten lassen. Wer kein Geld besitzt, ist ein armer Hund.

Eine dumpfe Ahnung hat jeder, dass Geld wie die Ware unangenehme Seiten hat, so sehr man auch in der Warenwelt darauf angewiesen ist. Geld verdirbt den Charakter, heißt es. Beim Geld hört die Freundschaft auf. Geld regiert die Welt. Geldgier, es geht doch nur ums Geld, sind die verbreiteten Vorwürfe.

Vielleicht ist es auch hier einmal wert, sich zu erklären, was Geld eigentlich ist, um dann zu entscheiden, ob es nicht doch besser ohne Geld ginge.

1.2.1 Die Macht des Geldes

Waren tauschen sich im Verhältnis ihrer Werte, das heißt: im Verhältnis der zu ihrer Herstellung aufgewendeten, durchschnittlich gesellschaftlich notwendigen Arbeitszeit. Dabei ist der Naturaltausch natürlich nicht sonderlich praktisch. Dies hieße, eine bestimmte Menge eines Gebrauchswertes gegen die entsprechende Wertmenge eines anderen Gebrauchswertes zu tauschen. Historisch haben sich daher bestimmte Edelmetalle (Gold und Silber) als allgemeines Äquivalent herausgebildet. Allgemeines Äquivalent bedeutet, dass jeder Gebrauchswert im Verhältnis seines Wertes gegen einen allgemeinen Wertmaßstab eingetauscht bzw. verkauft werden kann. Da es hierbei nicht mehr auf den spezifischen Gebrauchswert des allgemeinen Äquivalentes ankommt, konnten Gold und Silber im weiteren historischen Verlauf durch staatlich garantiertes Papiergeld ersetzt werden.[10] Dies setzt voraus, dass der Staat im Interesse des Wirtschaftssystems die Garantie dafür übernimmt, dass das Geld mit seinem entsprechenden Wert für den Austausch der Waren verbindlich als Äquivalent gilt und von keinem gefälscht wird. »Die private Verfügungsmacht, die im Geld gegenständlich in bestimmten Quantitäten vorliegt, beruht auf einem allgemeinverbindlichen gesellschaftlichen Gewaltverhältnis: auf den Verfügungen einer höchsten Gewalt, deren Durchsetzungsmacht außer Zweifel steht, die mit ihren Vorschriften also Recht setzt. Die dekretiert als erste Prämisse des Zusammenlebens und -wirkens ihrer Rechtssubjekte das Verhältnis ausschließenden privaten Verfügens über Bedarfsartikel aller Art, das im Geld sein Maß und sein Mittel hat. Sie tut das, indem sie alle

---

[10] Zur ausführlichen Darstellung der Entwicklung der Wertform bis zur Geldform vergleiche: Anmerkungen zum Aufbau des Kapital www.kapital.gegeninformation.net

Elemente des gesellschaftlichen Reichtums zu Objekten exklusiver Privatmacht: zu Eigentum erklärt. Damit stellt sie als oberster Regulator der gesellschaftlichen Verhältnisse die praktisch aufeinander angewiesenen Individuen grundsätzlich gegeneinander auf – eben in dem Sinn, dass der wechselseitige Ausschluss vom Benötigten zur bleibenden Grundlage ihres materiellen gesellschaftlichen Daseins, der Einsatz der im Geld existierenden privaten Kommandogewalt zur Verlaufsform ihres arbeitsteiligen Zusammenlebens wird.«[11] » ... Die Macht, die jedes Individuum über die Tätigkeit der anderen oder über die gesellschaftlichen Reichtümer ausübt, besteht in ihm als dem Eigner von Tauschwerten, von Geld. Es trägt seine gesellschaftliche Macht, wie seinen Zusammenhang mit der Gesellschaft, in der Tasche mit sich.«[12]

Wenn Lebensmittel oder sonstige nützliche Gebrauchswerte als Waren produziert werden, werden diese nicht einfach in gesellschaftlicher Arbeitsteilung hergestellt, um sie einander verfügbar zu machen. Als Waren kommen sie als Privateigentum des Produzenten in die Welt, sind also dem gesellschaftlichen Bedürfnis zunächst entzogen und werden nur zur Verfügung gestellt, wenn ein zahlungsfähiger Interessent den verlangten Preis mit Geld bezahlt. Der Warenproduzent ist daher am Gebrauchswert seiner Ware nur bedingt interessiert. Der Gebrauchswert ist für ihn lediglich die Bedingung dafür, dass andere mit dem durch ihre Arbeit verdienten Geld seine Ware erwerben wollen und ihm darüber Geld verschaffen, das im Rahmen seiner gewonnenen Zahlungsfähigkeit seinen eigenen gesellschaftlichen Ausschluss vom Reichtum der Gesellschaft aufhebt. »Im Geld als allgemeinem Zugriffsmittel ist also vorausgesetzt und eingeschlossen die Zerlegung des gesellschaftlichen Lebensprozesses

---

[11] W. Möhl, T. Wentzke, Das Geld, S. 49f

[12] Karl Marx, Grundrisse der Kritik der politischen Ökonomie, S. 74 f.

in ein ausschließendes Gegenüber von Produzenten und Konsumenten. Geld vermittelt zwischen Privatpersonen, die einander brauchen und füreinander schaffen und zugleich einander vorenthalten, was sie voneinander brauchen und füreinander schaffen. Auf Basis dieses Ausschlussverhältnisses kommen sie miteinander 'ins Geschäft', tauschen ein Stück allgemeiner Verfügungsmacht in Geldform gegen die Verfügungsmacht über die benötigte Ware bzw. umgekehrt. Sie rücken also auch da, wo sie mit ihren komplementären Bedürfnissen zusammenkommen, von ihrem gegensätzlichen Verhältnis zueinander nicht ab. Ihre gesellschaftliche Kooperation findet statt als versachlichtes Gewaltverhältnis: als Betätigung der Zugriffs- und Kommandomacht über die Produkte und Dienste anderer, die in dem Geld steckt, das einer hat.«[13]

Wenn man die Warenproduktion, aus der heraus Geld entsteht, als selbstverständliche und einzig mögliche Form des Wirtschaftens unterstellt, ist es richtig, dass dieses gesellschaftliche Verhältnis der privaten Warenproduzenten gegeneinander ohne Geld nicht funktioniert. Im Geld stellt sich ja nur dar, was mit dem scheinbar harmlosen Händewechsel der Waren in die Welt kommt. Der Zweck der Warenproduktion ist der Verkauf von Waren, um Geld zu bekommen. Der Reichtum der Welt misst

[13] W. Möhl, T. Wentzke, Das Geld, S. 49

sich daher auch nicht in der Versorgung der Bevölkerung, dem Aufwand, der hierfür aufgebracht werden muss, oder in der wohlverdienten Freizeit, sondern im Geld.

Betrachtet man die Konkurrenz um das Geld vom Standpunkt des Privatsubjekts, dann erscheinen einem Ware und Geld als Mittel, in denen der Nutzen für einen liegen muss, auch wenn sie diesen gerade nicht hervorbringen. Die Benutzung dieser Mittel erscheint einem immer als Chance, also mit den Möglichkeiten des Erfolges und des Misserfolges verbunden. Den Misserfolg sieht man nicht als Notwendigkeit, sondern als Ausnahme. Und auch die Massenhaftigkeit dieser Misserfolge ändert an dem Gedanken wenig, wenn man diese als Ergebnis des »falschen Umgangs« mit den Mitteln der Konkurrenz ansieht. Es ist eben ein Unterschied, ob man fragt: »Wie komme ich ans Geld?« oder ob man fragt: »Was ist eigentlich das Geld?«. Solange man der praktischen Frage folgt, erliegt man einer Illusion.

Wer behauptet, Geld wäre nützlich, tut so, als sei das Geld für effektive Gebrauchswertherstellung und -verteilung erfunden worden. Für Gebrauchswertproduktion im Sinne einer geplanten, arbeitsteiligen Produktion und Verteilung von nützlichen Dingen braucht man kein Geld. Aber Warenproduktion gibt es nicht ohne Geld. Der in Warenform vorliegende Reichtum und damit die Tatsache, dass man in der Marktwirtschaft ohne Geld von allen Lebensmitteln ausgeschlossen ist, begründet den Zwang zu Kauf und Verkauf, der sich dann in dem Bedürfnis nach Geld bemerkbar macht.[14]

---

[14] Der Hinweis auf die realsozialistische Planwirtschaft trifft hier nicht, da die ehemaligen sozialistischen Länder Warenproduktion und Geld gar nicht abgeschafft haben, sondern die Kritik von Marx am Wertgesetz dahingehend missverstanden haben, als ginge es bloß um die planmäßige staatliche Reglementierung der Warenproduktion. Hierzu mehr in Kapitel 4.

1.2.2 Die unsichtbare Hand der Marktwirtschaft

Waren kommen als Produkte individueller Privateigentümer in die Welt. Sie haben einen Preis. Das bedeutet, wer nicht bezahlen kann, ist von den in Warenform vorliegenden Reichtümern der Gesellschaft ausgeschlossen. Was bekomme ich also für meine Ware, ist die spannende Frage, die darüber entscheidet, ob ich in Saus und Braus oder als armer Wicht lebe.

Da alle Waren zunächst außerhalb des Austausches ihren Wert haben, der in ihrem Preis dargestellt ist, ist die Frage, ob der Warenbesitzer den kalkulierten Preis auch erlösen kann, wie viel also seine Ware im Tausch als Wert realisiert. Ob seine privat hergestellte Ware tatsächlich eine gesellschaftlich wertvolle Ware ist, das beweist sie erst mit dem Verkauf. In ihrer Gleichsetzung auf dem Markt beziehen sich alle Waren auf das Geld. So entscheidet sich erst auf dem Markt, ob der Preis der Wertgröße entspricht.

»Als Wert bildend zählt nur die Arbeit, die unter durchschnittlichen Bedingungen zur Produktion eines Gebrauchswerts notwendig ist. Wie groß die durchschnittliche Produktivität aber ist, hängt nicht vom einzelnen Produzenten ab, sondern von der Gesamtheit der Produzenten eines Gebrauchswerts. Dieser Durchschnitt ändert sich beständig, sichtbar wird er erst im Austausch; erst jetzt erfährt der einzelne Produzent, inwieweit seine individuell verausgabte Arbeitszeit der gesellschaftlich notwendigen Arbeitszeit entspricht. ... Vor dem Tausch können die Wertgrößen lediglich mehr oder weniger gut abgeschätzt werden. Diese Schätzung ist auch dafür verantwortlich, ob ein Warenproduzent eine bestimmte Produktion aufnimmt oder nicht. Nur ist die

Schätzung des Werts einer Ware noch lange nicht mit der Existenz dieses Wertes identisch, was schon mancher Produzent schmerzlich erfahren musste.«[15]

Die Wertgröße einer Ware bliebe konstant, wäre die zu ihrer Produktion notwendige gesellschaftlich durchschnittliche Arbeitszeit konstant. Letztere ändert sich aber mit jedem Wechsel in der Produktivkraft der Arbeit. Das heißt, die Wertgröße einer Ware wird z.B. durch den Durchschnittsgrad des Geschickes der Arbeiter, die Entwicklungsstufe der Wissenschaft, den Umfang der Produktionsmittel und durch Naturverhältnisse bestimmt. »Nach der Einführung des Dampfwebstuhls in England z.B. genügte vielleicht halb so viel Arbeit als vorher, um ein gegebenes Quantum Garn in Gewebe zu verwandeln. Der englische Handweber brauchte zu dieser Verwandlung in der Tat nach wie vor dieselbe Arbeitszeit, aber das Produkt seiner *individuellen* Arbeitsstunde stellte jetzt nur noch eine halbe *gesell-*

[15] Michael Heinrich, Kritik der politischen Ökonomie, S. 49f

schaftliche Arbeitsstunde dar und fiel daher auf die Hälfte seines früheren Werts. «[16]

Die Produktivkraft zu steigern, ist für jeden Warenproduzenten interessant, da er so effektiver als die anderen die Waren herstellt. Er benötigt weniger Arbeitszeit seiner produktiveren Arbeit, um mehr Produkte herzustellen, die er dann auf dem Markt zu wettbewerbsfähigen Marktpreisen verkaufen kann. Erst wenn die Konkurrenten sich auch auf diese Stufe der Produktivität hochgearbeitet haben, wird der Marktpreis sich wieder ausgleichen und der extra Vorteil verschwindet, bis auf dem neuen Produktivitätsstand der gesellschaftlichen Arbeit in einer Branche wieder ein Fortschritt stattfindet usw. So zwingen sich die Warenproduzenten wechselseitig ständig die Steigerung der Produktivität der Arbeit auf und steigern damit, ohne es zu wissen, den Widerspruch der Wertproduktion. »Derselbe Wechsel der Produktivkraft, der die Fruchtbarkeit der Arbeit und daher die Masse der von ihr gelieferten Gebrauchswerte vermehrt, vermindert … die Wertgröße dieser vermehrten Gesamtmasse, wenn er die Summe der zu ihrer Produktion notwendigen Arbeitszeit abkürzt.«[17] Indem in gleicher oder kürzerer Zeit immer mehr Waren hergestellt werden, benötigt jede einzelne Ware zu ihrer Herstellung immer weniger Zeit und damit steckt in ihr immer weniger wertbildende abstrakte Arbeit. Die Warenmasse vergrößert sich ständig, enthält aber immer weniger Wert.

Wäre die planmäßige Herstellung und Verteilung von Gebrauchswerten der Zweck der Produktion, dann wäre jede Steigerung der Produktivkraft eine feine Sache. Entweder ich bekomme den gleichen Reichtum mit weniger Arbeit, also mehr

[16] Karl Marx, Das Kapital, Bd. 1, S. 53
[17] Karl Marx, Das Kapital, Bd. 1, S. 61

Freizeit, oder der mir zur Verfügung stehende Reichtum steigt bei gleichem Arbeitsaufwand. Wenn Waren produziert werden, die Gebrauchswerte also nur Mittel zum Zweck der Tauschwertproduktion sind, entfaltet die Steigerung der Produktivkraft jedoch unangenehme Wirkungen. Wenn ich – aus welchen Gründen auch immer – mit dem Produktivitätsfortschritt nicht mithalte, dann bin ich trotz des gestiegenen gesellschaftlichen Reichtums ruiniert. Da meine Bedürfnisse nicht mehr zahlungsfähig sind, sind sie schlicht nichts mehr wert in der Welt der Warenproduzenten. In der Marktwirtschaft müssen die einzelnen Privatproduzenten daher eine immer größere Masse an Waren auf den Markt werfen, um den gleichen oder einen größeren Wert auf dem Markt zu realisieren.

Um die notwendige Kaufkraft in Gestalt von Geld zu erlangen, wird es so zwangsläufig zum Bedürfnis, mehr zu arbeiten, um über die zusätzlich auf den Markt getragenen Gebrauchswerte die Chancen zu erhöhen, am gesellschaftlichen Reichtum teilhaben zu können. Das Problem nimmt damit aber erst richtig seinen Lauf! Steht der Ware überhaupt in dem Umfang, in der sie von zahlreichen Konkurrenten angeboten wird, genügend zahlungsfähige Nachfrage gegenüber, ist die spannende Frage. »Wenn das gesellschaftliche Bedürfnis für Leinwand ... bereits durch nebenbuhlerische Leinweber gesättigt ist, wird das Produkt unsres Freundes überschüssig, überflüssig und damit nutzlos. ... Gesetzt aber, der Gebrauchswert seines Produkts bewähre sich und Geld werde daher angezogen von der Ware. Aber nun fragt sich's, wieviel Geld? ... Er soll auf sein Produkt nur den gesellschaftlich notwendigen Durchschnitt von Arbeitszeit verausgabt haben. Der Preis der Ware ist also nur Geldname des in ihr vergegenständlichten Quantums gesellschaftlicher Arbeit. Aber ohne Erlaubnis und hinter dem Rücken unsres Leinwebers gerieten die altverbürgten Produktionsbedingungen der Leinweberei in Gärung. Was gestern zweifelsohne gesellschaftlich notwendige Arbeitszeit zur Produktion einer Elle Leinwand war, hört heute auf, es zu sein, wie der Geldbesitzer eifrigst demonstriert aus den Preisquotationen verschiedner Nebenbuhler unsres Freundes. Zu seinem Unglück gibt es viele Weber auf der Welt. Gesetzt endlich, jedes auf dem Markt vorhandne Stück Leinwand enthalte nur gesellschaftlich notwendige Arbeitszeit. Trotzdem kann die Gesamtsumme dieser Stücke überflüssig verausgabte Arbeitszeit enthalten. Vermag der Marktmagen das Gesamtquantum Leinwand, zum Normalpreis von 2 sh. per Elle, nicht zu absorbieren, so beweist das, dass ein zu großer Teil der gesellschaftlichen Gesamtarbeitszeit in der Form der Leinweberei verausgabt wurde. Die Wirkung ist dieselbe, als hätte jeder einzelne Leinweber mehr als die gesellschaftlich notwendige Arbeitszeit auf sein individuelles Produkt verwandt.«[18]

Als Warenproduzenten sind alle Marktteilnehmer gezwungen, ihre in ihrem Privatbesitz befindlichen Waren auf dem Markt einem gesellschaftlichen Test auszusetzen. Ob die Ware ihren Dienst tut, den Warenbesitzer vom Ausschluss vom gesellschaftlichen Reichtum zu befreien, ist eine Frage des Preises, den er auf dem Markt erzielen kann. Auf dem Markt, im Austauschverhältnis erfährt jeder im Nachhinein, ob seine Mühe auch gesellschaftlich notwendige Arbeit gewesen ist. »Was den stofflichen Reichtum der Gesellschaft mehrt und dabei den dafür notwendigen Arbeitsaufwand mindert, das gereicht im System der privaten Bereicherung per Schaffung von Zugriffsmacht in Geldform nur dem überlegenen Produzenten als Waffe im Konkurrenzkampf zum Vorteil; den Unterlegenen ruiniert es ... Das Geld misst eben gar nicht den stofflichen Reichtum der Gesellschaft, sondern quantifiziert den Arbeitsaufwand, der

[18] Karl Marx, Das Kapital, Bd.1, S.121

sich dadurch als gesellschaftlich notwendig und nützlich erweist, dass im Konkurrenzkampf der Warenanbieter die weniger produktiven auf der Strecke bleiben.«[19]

Die unsichtbare Hand – der Markt, der alles regelt – wird als Wechselspiel von Angebot und Nachfrage gelobt. Über das freie Spiel der Kräfte der vom Eigennutz angetriebenen Privateigentümer soll durch Angebot und Nachfrage eine optimale Abstimmung von Produktion und Konsumtion erfolgen. Stimmt das? Die Tatsache, dass die Nachfrager zahlungsfähig sein müssen, also über Geld verfügen müssen, und dass die Anbieter nur produzieren bzw. ihre Waren zur Verfügung stellen, wenn absehbar ist, dass sie hierfür Geld bekommen, zeigt, dass nicht die Bedürfnisbefriedigung optimiert wird, sondern beide – Anbieter und Nachfrager – sich dem Geld unterordnen und dessen Funktionen erfüllen: Alle Warenbesitzer messen ihre Waren im Geld als Werte und geben die Größe der Werte ihrer Waren im Maßstab der rechnerischen nationalen Geldeinteilungen an. Geld hat so die Funktion übernommen, Maßstab der Preise und Maß der Werte zu sein. Dabei kann der in Geldeinheiten ausgedrückte Wert einer Ware von dem ebenfalls in Geldeinheiten ausgedrückten Preis einer Ware abweichen. Der Warenverkäufer kennt den durchschnittlich gesellschaftlich notwendigen Arbeitsaufwand = Wert seiner Ware gar nicht. Er versucht, im Gegensatz zum Käufer, immer den höchsten Preis zu erzielen. Erst der Vergleich zur Konkurrenz auf dem Markt zwingt ihn, unabhängig von seinem persönlichen Arbeitsaufwand auf den gesellschaftlichen Durchschnitt zu achten. Der Preis pendelt sich so in der Regel auf den Wert seiner Ware ein. Die einzige Wirkung, die Angebot und Nachfrage somit haben, liegt in der Beeinflussung der Schwankung zwischen Wert und

---

[19] W. Möhl, T. Wentzke, Das Geld. Von den vielgepriesenen Leistungen des schnöden Mammons, GegenStandpunkt Verlag 2007, S. 52

Preis. Den Wert selbst bestimmen diese beiden Faktoren nie und die optimale Versorgung, soweit man sich umschaut, auch nicht.[20]

Handel mit Waren ist nach verbreiteter Meinung harmlos und vorteilhaft für alle. Die Analyse der Ware hat demgegenüber gezeigt, dass Warenhandel über den Gegensatz von Gebrauchswert und Tauschwert mit unsichtbarer Hand hinter dem Rücken der Menschen die Regeln bestimmt, wie miteinander umgegangen wird. Regeln des Umgangs heißt dabei nicht, dass nicht jeder tun und lassen kann, was er will. Es sind die »guten« Gründe, oft existentielle Gründe oder auch Sachzwänge genannt, die die einzelnen Marktteilnehmer in ihren Bemühungen, Geld zu verdienen, täglich davon überzeugen, dass der Gebrauchswert nicht Zweck, sondern nur Mittel zum Zweck ist; dass die Arbeitsbedingungen sich der Wertsteigerung unterzuordnen haben und dass sich um die Versorgung der zu kurz Gekommenen beim besten Willen keiner kümmern kann. In einer Gesellschaft, die auf Warentausch beruht, muss jeder der Logik des Tausches folgen, wenn er überleben will. Das Wertgesetz – die Gesetzmäßigkeit, mit der sich in der Marktwirtschaft Gebrauchswerte als Werte vergleichen und austauschen – bestimmt in diesem Sinne das Verhalten der einzelnen Akteure des Wirtschaftssystems und führt so notwendig zu den bekannten unangenehmen Begleiterscheinungen der Warenwelt.

---

[20] Die von der Volkswirtschaftslehre vertretene Nutzentheorie verschleiert die Erklärung des Wertes. Nach der Nutzentheorie bestimmt sich der Wert über den individuellen Nutzen und die darüber getätigte Nachfrage. Ein Mercedes ist 50.000-mal so teuer wie eine Kugel Eis, weil 50.000-mal so nützlich? Acht Kugeln Eis achtmal so nützlich wie eine? Auch wenn einem schon nach fünf Kugeln schlecht wird? Die Grenznutzentheorie soll diese Unplausibilität beheben. Jeder hat seine subjektive abnehmende Grenznutzenkurve. Warum kosten acht Kugeln Eis dann für jeden gleich viel?

„JAMMERN WIRD MIT DER ZEIT LANGWEILIG. UND ALLES IMMER AUF DIE VERHÄLTNISSE ZU SCHIEBEN ODER AUF DIE GESELLSCHAFT ODER AUF DEN STAAT, DAS IST NICHT DER WEG, UM DEN KARREN WIRKLICH WIEDER FLOTTZUKRRIEGEN"
WER SAGT DAS? DAS VEHUNGERNDE KIND, HINTER DEM DER GEIER WARTET? DIE MILLIARDEN MENSCHEN, DIE VERSCHMUTZTES TRINKWASSER TRINKEN? EIN 54-JÄHRIGER LANGZEITARBEITSLOSER? EINER DER 35 MILLIONEN AMERIKANER, DIE UNTER DER OFFIZIELLEN ARMUTSGRENZE LEBEN? EIN LUNGENKRANKER GRUBENARBEITER IN BOLIVIEN? EIN MENSCH IN ALTERSARMUT? EIN AIDSKRANKER AFRIKANER, DER ETWAS ÜBER PATENTSCHUTZ LIEST? EIN MILLIONÄR?

1.2.3 Der Austauschprozess als Rechts- und Gewaltverhältnis

Zur Abwechselung kann man sich ja auch einmal vorstellen, dass die individuellen Arbeitskräfte mit gemeinschaftlichen Produktionsmitteln planmäßig und in gesellschaftlicher Arbeitsteilung Gebrauchsgegenstände herstellen und unter sich verteilen. Natürlich wären auch hier Konflikte zu lösen, sei es in Fragen der Produktionseinteilung oder der Gebrauchswerteverteilung. Das einigende Band wäre aber der gemeinsame Zweck: die Versorgung der Gemeinschaft mit nützlichen Gebrauchsgegenständen.[21]

Arbeitsteilung – eine im Sinne planmäßiger Gebrauchswertproduktion zweckmäßige Sache – ist in der Marktwirtschaft darüber organisiert, »dass die Arbeiter ihre individuellen Produkte austauschen. Nur Produkte selbständiger und voneinander unabhängiger Privatarbeiten treten einander als Waren gegenüber.«[22] Ausgangspunkt der Warenproduktion ist damit die Privatarbeit und das beinhaltet zunächst den Ausschluss der anderen vom Gebrauch der hergestellten Gebrauchsgegenstände. Die wären ja sonst nichts wert. Zusammenarbeit findet nicht statt, wo Privatgeschäfte selbständiger Produzenten um Produktivitätsvorteile ringen, um sich gegenseitig das Geld abzujagen. In der Marktwirtschaft werden Gebrauchswerte in Konkurrenz einzelner Privatproduzenten gegeneinander produziert und verkauft. Die eigenen Produkte sind hierbei für den Warenproduzenten selbst keine Gebrauchswerte, sondern nur das Mittel, um Geld

[21] Da es den gemeinschaftlichen Zweck in keiner existierenden Wirtschaftsform gibt, gilt der Gedanke als absurd bzw. idealistisch, unrealistisch, utopisch, naiv, weltfremd usw. Ein komischer Einwand, wenn gleichzeitig 100.000 Menschen täglich verhungern!

[22] Karl Marx, Das Kapital, Bd. 1, S. 57

zu verdienen, mit den schon erwähnten notwendigen negativen Folgen für den Gebrauchswert. Die fremden Produkte sind als Eigentum der anderen Produzenten selbst nur zugänglich, wenn zuvor Geld verdient wurde, wenn sich die eigene Arbeit als gesellschaftlich durchschnittliche bewährt hat. Es zählen hier ja nur die zahlungsfähigen Bedürfnisse der Mitglieder der Gemeinschaft. Ob und unter welchen Arbeitsbedingungen überhaupt Geld verdient werden kann, hängt nicht von den eigenen Bemühungen ab, sondern stellt sich als Resultat der Konkurrenz erst auf dem Markt heraus. Jeder muss als Konsument zunächst verkaufen, um an die Gebrauchswerte für seine Bedürfnisse zu gelangen. Der Gegensatz zwischen Käufer und Verkäufer, über den sich die Warenproduktion organisiert, setzt dabei voraus, dass sich die Warenproduzenten wechselseitig als Privateigentümer anerkennen. Die Anerkennung des Privateigentums an Waren und den entsprechenden Produktionsmitteln bedeutet damit zugleich die Anerkennung des eigenen Ausschlusses vom vorhandenen Reichtum der Gesellschaft. Dieses Rechtsverhältnis, dessen Form der Vertrag ist, ist ein Willensverhältnis, worin sich das ökonomische Verhältnis widerspiegelt.

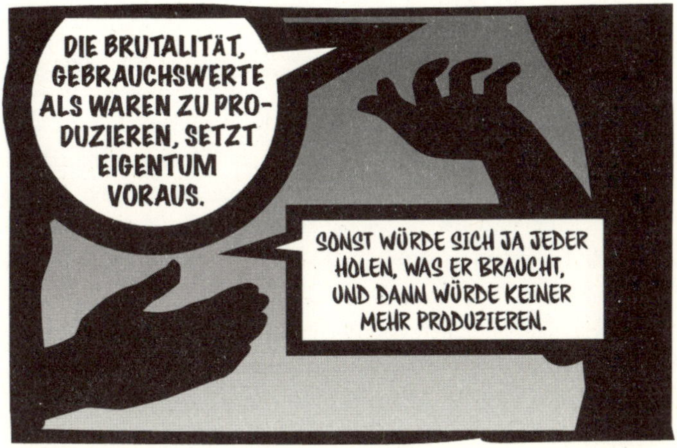

Diebstahl, Betrug, Raub, Mord und Totschlag sind in dem ökonomischen Gegensatz, über den sich Warenproduktion mit unsichtbarer Hand organisiert, nichts Ungewöhnliches. Es gibt schließlich viele, für die einzelnen Wirtschaftssubjekte naheliegende Gründe, das Rechtsverhältnis in Frage zu stellen. Zum Beispiel für die Slumbewohner von Sao Paulo, Kinshasa, Manila oder Detroit, die täglich von der Polizei daran gehindert werden müssen, sich in den vollen Supermärkten mit dem Notwendigsten zu versorgen. Oder die Rentner in den reichen Industrieländern, die unter den Begriff Altersarmut fallen und vom Kaufhausdetektiv daran gehindert werden, zu nehmen, was ihnen nicht zusteht. Oder der langzeitarbeitslose dreiundfünfzigjährige Familienvater, der weiß, dass ein Banküberfall aussichtslos ist. Oder die 100 bis 200 Millionen Straßenkinder von Jakarta, Bogota, Manila, Sao Paulo, Moskau, Bombay, Lima, Johannesburg, Paris …, vor denen nichts sicher ist.

Betrug, Raub, Mord und Totschlag sind in diesem ökonomischen Gegensatz aber die Ausnahme von der Regel. Die Regel ist die Anerkennung des eigenen Ausschlusses von dem in Privateigentum vorliegenden Reichtum der Gesellschaft. Die Regel ist, dass jeder zunächst Waren auf den Markt tragen muss, die sich als Wert realisieren müssen, bevor sie sich über den Tauschwert als Gebrauchswerte realisieren können. Die Regel ist, dass der Besitz von Geld und damit die Verfügungsmacht über von anderen produzierte Güter und erbrachte bzw. zu erbringende Dienste als gesellschaftlicher Zusammenhang der gegenseitig abhängigen und gegeneinander gleichgültigen Individuen anerkannt sind. Die Regel ist, dass die öffentliche Gewalt über das Rechtsverhältnis den ökonomischen Gegensatz von Käufer (Geldbesitzer) und Verkäufer (Warenbesitzer) nicht entschärft, sondern ihn begründet, regelt und zementiert. Der Rechtsbruch darf hier natürlich nicht als eine Kritik an den marktwirtschaftlichen Verhältnissen der Warenproduktion missverstanden werden. Der Rechtsbrecher will lediglich auf der Grundlage der marktwirtschaftlichen Eigentumsverhältnisse seinem individuellen Interesse Recht verschaffen. Der Bankraub dient der Mittelbeschaffung, um anschließend unter Anerkennung und Schutz des Privateigentums mit der Macht seines Geldes den universellen Zugriff auf Güter und Dienste anderer zu genießen.

Konkurrenz belebt das Geschäft, heißt es so schön. Aber jeder weiß, dass diese »Belebung« nicht dadurch zustande kommt, dass man sich gegenseitig hilft, Tipps gibt, wie es besser oder einfacher geht etc. Im Gegenteil: Wissen wird verheimlicht (Betriebsgeheimnisse) oder die Anwendung gesetzlich verboten (Patente). Strategien werden ausgearbeitet, wie zum eigenen Vorteil, d.h. auf Kosten der Konkurrenten, verkauft werden kann. Millionen werden für Werbung ausgegeben. Nicht um zu informieren, was es gibt und wo man es bekommt, sondern um den Eindruck zu erwecken, dass das eigene Produkt besser ist als das der Konkurrenz. Wahrheit und Ehrlichkeit zwischen den Menschen sind in diesem Geschäft Ideale, die aufgrund der harten Konkurrenz nicht immer eingehalten werden können. Kein Wunder. Wenn der Gebrauchswert nur Mittel zum Zweck ist, dann leidet nicht nur die Qualität des Gebrauchswertes, sondern natürlich auch die wahrheitsgemäße Information über ihn. Die Konkurrenz der privaten Warenproduzenten erzeugt – im Gegensatz zur Arbeitsteilung einer planmäßigen Gebrauchswertproduktion – nicht nur so schöne Sachen wie Betriebsgeheimnisse, Patente und Patentämter, Rechtsstreitigkeiten und Juristen, sondern auch eine ganze Werbebranche inklusive Stiftung Warentest, Marketingorganisationen und Heerscharen von Verkäufern. Die Konkurrenz, das heißt der Zwang, sich gegeneinander durchzusetzen, fördert auch die eine oder andere Charaktereigenschaft. Ellbogengesellschaft ist der bekannte Ausdruck für das Phänomen, dass Durchsetzungsfähigkeit, Rücksichtslosigkeit, Lug und Trug, Neid und Angeberei weit verbreitet sind. Die Gründe sind ja mit der Wirtschaftsordnung gegeben. Das Ideal, sich anders zu verhalten, wird es daneben solange geben, wie es den Grund gibt.[23]

---

[23] Ideale dienen im pragmatischen Umgang mit den Sachnotwendigkeiten zur Beschönigung und Legitimation, indem lauter gute Gründe ausgedacht werden,

In einem Wirtschaftssystem, das die Realisierung von abstraktem Reichtum, von Geld, zum Zweck erhebt und die Versorgung der Menschen zum Abfallprodukt degradiert, erscheint das praktische Interesse, in der Konkurrenz mit Ware und Geld seine Chancen zu nutzen, zugleich als Sachzwang. »Geld regiert die Welt« ist der bekannte Ausspruch dafür, dass in der Marktwirtschaft nicht die Menschen die Wirtschaft beherrschen, sondern die Wirtschaft die Menschen. Aber wie soll das gehen? Eine Sache, die herrscht? Waren und Geld sind das Resultat der Produktion und des Handels der Menschen und zugleich erscheinen sie ihnen als davon unabhängige Sachen, deren Wertgesetz die Menschen folgen müssten. Sind Ware und Geld wie bei den Naturvölkern ein Fetisch, ein lebloser Gegenstand, der religiöse Verehrung genießt und dem übernatürliche Kräfte zugeschrieben werden?

---

warum die Sachzwänge für die Leute nützlich seien und so, wie sie sind, die beste aller möglichen Welten darstellten.

1.3 Das Geheimnis des Fetischcharakters von Ware und Geld

Wenn die Herstellung nützlicher Dinge als Warenproduktion einzelner, gegeneinander konkurrierender Privatproduzenten organisiert ist, *dann* gelten die Gesetze des Wertes, d.h. *dann* wird es zur Sachnotwendigkeit, zum praktischen Interesse, Ware und Geld als Mittel der Konkurrenz zu benutzen.

In einer Gesellschaft, in der Sklavenarbeit vorherrscht, sind die ökonomischen Beziehungen zwischen den Menschen offensichtlich. Der Sklave ist Eigentum und wird tagein tagaus vom Besitzer benutzt. Er bekommt das dafür Nötige und muss seine gesamte Arbeit und deren Produkte dem Besitzer geben. Das Herrschaftsverhältnis bestimmt den Inhalt der Arbeit und die Verteilung der Resultate der Arbeit. Auch in der auf Gefolgschaft beruhenden feudalen Gesellschaft sind die ökonomischen Beziehungen offensichtlich. Der Bauer arbeitet einen Teil für sich und festgelegte Zeiten auf den Feldern der Herren und muss von seinem Jahresprodukt einen festgelegten Teil abgeben. In beiden Fällen ist offensichtlich, wer arbeitet und wie die Arbeitsprodukte aus dieser Arbeit in den gesellschaftlichen Beziehungen verteilt werden. Der ökonomische Zusammenhang und die Ausnutzung der arbeitenden Klassen in der jeweiligen Gesellschaft sind leicht als Herr-Knecht-Verhältnis zu durchschauen.

In der Marktwirtschaft sind die direkte Unterordnung der arbeitenden Bevölkerung und die Übertragung eines Teils ihres Produktes in die Hände einer anderen Klasse verborgen. Es herrscht die Freiheit des Austausches, somit werde keiner übervorteilt oder ausgebeutet. Es gibt in der Marktwirtschaft kein übergeordnetes ökonomisches Herrschaftssubjekt, das den Mittellosen die Lebensmittel wegnimmt, das gesundheitsschädliche Arbeitsbedingungen anordnet, das dem Produzenten vorschreibt, Gammelfleisch zu produzieren oder die Umwelt zu verschmutzen, und zu Überstunden, Stress und Arbeitshetze muss auch niemand direkt gezwungen werden. Der demokratische Staat überlässt es in der Marktwirtschaft grundsätzlich seiner Wirtschaft, wo, worein und zu welchen Bedingungen sie investiert. Die Subjekte, die in der Marktwirtschaft das Sagen haben, die Privateigentümer bzw. ihre Manager, verweisen dabei zu Recht auf den Wettbewerbsdruck der globalisierten Konkurrenz, der zur Folge habe, dass sie selbst für ihre Beschlüsse und Anforderungen an die Arbeit nicht verantwortlich seien.

Der Verkauf von Waren – statt der planmäßigen Produktion und Verteilung von Gebrauchsgütern – erscheint als ein unschuldiges Bedürfnis nach Händewechsel, Arbeitsteilung und Versorgung zum allgemeinen Nutzen. Der Zwang, den das ökonomische Verhältnis der Warenproduktion begründet, wird als Mittel und Chance wahrgenommen. Es ist kein »böser« Zweck, sondern die »Konkurrenz« – der drohende Ruin bzw. die günstige Gelegenheit –, die regelmäßig die marktgerechte »Anpassung« der Gebrauchswerte nahe legt. Der Gebrauchswert ist nur Mittel zum Zweck und so muss er dann auch behandelt werden. Wer bei den Spielregeln, die das Wertgesetz vorgibt, nicht mitmachen will, dem nimmt keiner die Lebensmittel weg, der kann sie nur nicht mehr bezahlen. Wer auf den Gedanken käme, für die Versorgung hungernder Menschen zu produzieren, scheiterte an den sachlichen Gesetzmäßigkeiten des Marktes! Und somit liegt der Schluss nahe, dass es wegen der Notwendigkeiten des Wirtschaftens einfach nicht anders geht. Erst müssen die Hungernden zu Geld kommen, also

Erfolg in der Konkurrenz der Marktwirtschaften haben, dann kann man ihnen die Lebensmittel verkaufen.

Der Widerspruch zwischen dem vorhandenen, stetig wachsenden Reichtum und der entsprechenden Armut erscheint so als Sachnotwendigkeit. Hätten sie besser gewirtschaftet, wären sie erfolgreich. Klingt logisch, wenn man davon absieht, dass ja nicht alle auf Kosten der anderen erfolgreich seien können. Die zynische »Hilfe zur Selbsthilfe« für die, die gerade die Konkurrenz verloren haben, ist das Einzige, was man denken kann, wenn man an dem Dogma, das Warenproduktion die einzig mögliche Form des Wirtschaftens ist, festhalten will. Die Enttäuschung, dass auch »Hilfe zur Selbsthilfe« die Armut nicht reduziert, führt unter dem gleichen Dogma zum Schluss: Selbst Schuld! Misswirtschaft, Korruption, Diktatur oder gar dumm und faul. So sind sie eben, ist der letzte rassistische Übergang, mit dem der Verdacht, es könne vielleicht auch am Wirtschaftssystem liegen, beiseite geräumt wird.

Die Freiheit, die die Individuen in der Marktwirtschaft genießen, ist damit zugleich die adäquate und effektive Anpassung der Produzenten an die Erfordernisse einer dem Geld unterworfenen Produktion.

In der Marktwirtschaft kann jeder machen, was er will, solange er die Eigentumsrechte und damit die Spielregeln eines fairen Warenhandels respektiert. Trotz aller Freiheiten ist das Resultat der individuellen Betätigung aber ein gleichförmiges Anpassen an und Unterwerfen unter die Regeln des Marktes. Wie soll man sich auch anders verhalten? Wer Gebrauchswerte mit dem Zweck der Gebrauchswertversorgung produziert, läuft Gefahr, für diese nicht genug zahlungsfähige Nachfrage zu gewinnen. Bevor die eigenen Bedürfnisse selbst zahlungsunfähig werden, stellt sich fast zwangsläufig der so genannte »Realismus« ein. Wer Lebensmittel an Bedürftige verteilt, muss sich fragen lassen, ob er sich das leisten kann. Wer dem Konkurrenten zu sehr hilft, hat hinterher vielleicht das Nachsehen. Durchsetzungsfähigkeit gemäß den Regeln des Marktes gilt daher als Tugend. Wer glaubt, er könne den Produktivitätsfortschritt nutzen, um seinen Arbeitsaufwand zu reduzieren, wird schnell lernen, dass allein Mehrarbeit und höhere Arbeitsgeschwindigkeit den Lebensstandard sichern. Sich einmal die Freiheit zu nehmen, darauf zu bestehen, dass der Reichtum reicht und die Arbeit reduziert gehört, seine Bedürfnisse und Interessen also nicht zum bloßen Mittel der Vermehrung des Reichtums in abstrakter Form zu machen, ist vom ökonomischen Zweck der Warenproduktion her schlichtweg ausgeschlossen.

Offensichtlich kontrollieren die Menschen in einer Waren produzierenden Gesellschaft nicht ihre gesellschaftlichen Verhältnisse, die aus ihrem arbeitsteiligen Produktionszusammenhang hervorgehen. Das gesellschaftliche Verhältnis der Menschen zueinander nimmt für sie die Form eines Verhältnisses von Sachen (Sachzwängen) an. Die Herrschaftsverhältnisse sind keine persönlichen, sondern »sachliche«. Wie geht das?

Wenn sie die Produkte ihrer Arbeit auf dem Markt verkaufen, vergleichen sie im Tausch die in ihren Produkten enthaltene Arbeitszeit. Sie müssen das nicht wissen, aber sie tun es. Dabei zählt nicht ihr individueller Arbeitsaufwand, sondern der gesellschaftliche Durchschnitt (möglichst lang, intensiv und produktiv). Erst im Tausch kristallisiert sich auf dem Markt, hinter ihrem Rücken, über den ständigen Vergleich der unterschiedlichen Preisvorstellungen der Marktteilnehmer der Wert ihrer Produkte heraus. Mit den Mitteln, über die andere verfügen, mit der Intensität der Arbeit, mit dem an verschiedenen Stellen gegeneinander vorangetriebenen Produktivitätsfortschritt wechseln die Wertgrößen der Waren beständig und unabhängig vom Willen, Vorwissen und Tun der Austauschenden. Ihre eigene gesellschaftliche Tätigkeit bekommt damit für sie die Form einer Bewegung von Sachen, unter deren Kontrolle sie stehen, statt sie zu kontrollieren. Als Waren erscheinen so die Produkte der Menschen als selbständige Gestalten die gesellschaftlichen Beziehungen der Menschen als gesellschaftliche Natureigenschaft der Produkte. Der Wert ist zwar »keine Natureigenschaft der Dinge wie Gewicht oder Farbe, es sieht aber für die Menschen in einer Waren produzierenden Gesellschaft so aus, als ob die Dinge im gesellschaftlichen Zusammenhang automatisch Wert besitzen würden und damit automatisch eigenen Sachgesetzen folgen würden, denen sich die Menschen nur noch unterordnen könnten.«[24] Vom Resultat der Marktbewertung, von der Werthaltigkeit ihrer Arbeit hängt schließlich ihr Wohl und Wehe ab. »Nur wenn sich die Arbeit für die Landwirte in der Dritten Welt rechnet, wird sich der Hunger eindämmen lassen«, gibt die Vorsitzende der deutschen Welthungerhilfe angesichts weltweit zunehmender Hungersnöte selbstbewusst

[24] Michael Heinrich, Kritik der politischen Ökonomie, S. 71

zu Protokoll.[25] Der Besitz von Geld, über das jemand aus welchem Grund auch immer verfügt, regelt die Verfügungsmacht über Güter und Dienstleistungen der Gesellschaft. Was zu tun oder zu lassen ist, ist eine Frage an die Werthaltigkeit der Dinge, an ihre Verkaufbarkeit. Es sind nicht die Menschen, die in einer Beziehung zueinander stehen, sondern ihre Waren.[26]

Indem die Menschen in ihrem wirtschaftlichen Handeln überlegen, wie sie für ihren Erfolg mit Waren und Geld umgehen sollen, »unterliegt das spontane Bewusstsein der Menschen dem Fetischismus von Ware und Geld. Die Rationalität ihrer Handlungen ist immer schon eine Rationalität *innerhalb des mit der Warenproduktion gesetzten Rahmens.*«[27] Der Fetischismus von Ware und Geld ist aber nicht einfach ein falsches Bewusstsein in dem Sinne, dass er mit der Aufklärung über den wirklichen Sachverhalt überwunden wird. Er besitzt auch eine materielle Gewalt. Die Frage, inwiefern meine individuell verausgabte Arbeit als Bestandteil der gesellschaftlichen Gesamtarbeit anerkannt wird und in welchem Ausmaß dies geschieht, wird in der warenproduzierenden Gesellschaft nicht von den Mitmenschen beantwortet. Der Wert meiner Ware im Verkauf beantwortet die Frage, inwiefern meine individuell verausgabte Arbeit als Bestandteil der gesellschaftlichen Gesamtarbeit anerkannt wird und in welchem Ausmaß. Und diese Auskunft entscheidet darüber, ob ich in meinem privaten

---

[25] Gespräch mit Ingeborg Schäuble, der Vorsitzenden der Deutschen Welthungerhilfe, in Hamburger Abendblatt, 15.04.2008, S. 4

[26] Für das Geld gilt dasselbe, was auch für die Ware gilt. Auch bei der allgemeinen Äquivalentform der Ware erscheint die gesellschaftliche Beziehung als gegenständliche Eigenschaft eines Dings. Und genau wie bei der Ware müssen die handelnden Personen die vermittelnden Zusammenhänge nicht kennen, um handeln zu können: »Jeder kann Geld als Geld brauchen, ohne zu wissen, was Geld ist.« (Karl Marx, Theorien über den Mehrwert, MEW 26.3, S. 163)

[27] Michael Heinrich, Kritik der politischen Ökonomie, S. 76

Luxusjet Champagner trinke oder in einer Wellblechhütte ohne sauberes Trinkwasser vor mich hin vegetiere. Der Zwang der ökonomischen Verhältnisse, der über das Wertgesetz hinter dem Rücken des Warenproduzenten hervortritt, legt nicht nur die falschen Urteile nahe. Wer nicht mitmacht, sich nicht anpasst und nicht den Regeln folgt, stellt sich ökonomisch ins Abseits, mit den entsprechend unangenehmen Folgen. Wenn die gesellschaftliche Produktion als Warenproduktion organisiert ist, dann ist das tägliche Leben in der Tat durch lauter Sachzwänge bestimmt. Dann braucht man Geld. Dann sucht man immer seine Chancen und sieht vor lauter Möglichkeiten den Zwang nicht mehr, den der Zweck, Geld zu verdienen, notwendig erzeugt. Notwendig ist das nicht. Die Herrschaft des Werts über die Menschen ist kein gesellschaftliches Naturgesetz, sondern das Resultat des mit der Warenproduktion gesetzten Zwanges zu möglichst langer, intensiver und produktiver Durchschnittsarbeit, um mit den für den Verkauf vorgesehenen Waren möglichst viel Wert zu erzeugen. Sie ist das Resultat eines ganz bestimmten Verhaltens der Menschen in ihren ökonomischen Funktionen und dieses Verhalten lässt sich auch ändern. Eine Gesellschaft ohne Ware und Geld ist denkbar. Natürlich können die Menschen sich auch auf den Standpunkt stellen, das Kriterium für die ökonomische Steuerung solle der Gebrauchswert sein und nicht das Geld. Das würde die gesellschaftlichen Verhältnisse revolutionieren![28]

[28] Vgl. hierzu auch die Zusammenfassung des Fetischproblems und seiner Missverständnisse in: »Was sich mit Marx doch alles anstellen lässt! Die linke Kontroverse um das radikalste Menschenbild«, Gegenstandpunkt Nr. 4-96, S. 73 –101

2 Wie wird man Milliardär, während andere verhungern?

Die »unsichtbare Hand der Marktkräfte« steuert das Wirtschaftsgeschehen und treibt die Menschen zum Vorteil und Wohlstand für alle an. Dies ist die verbreitete Meinung in Schulbüchern, Volkswirtschaftsseminaren, Parteiprogrammen und Zeitungen. Die marktwirtschaftliche Wirklichkeit zeigt weltweit andere Bilder. Solange es Warenproduktion gibt, wird sie von Armut und Elend großer Teile der Bevölkerung begleitet. Selbst in den Industrieländern, in denen sich die Reichtümer ansammeln, ist Armut breiter Bevölkerungsschichten kein Fremdwort. Im Gegenteil. Begriffe wie »Neue Armut«, »Altersarmut«, »Kinderarmut« und »working poor« sind neben der Ideologie von den heilsamen Marktkräften durchaus bekannt.

Die »unsichtbare Hand der Marktkräfte«, die angeblich zum Wohlstand für alle führt, ist nichts anderes als das Wertgesetz, die Gesetzmäßigkeit, mit der sich Waren im Verhältnis der in ihnen enthaltenen gesellschaftlich notwendigen Arbeitszeit (=Wert) tauschen.

Die Analyse der Ware hat gezeigt, dass die so genannte unsichtbare Hand in der Tat die Menschen zur Effizienz treibt. Aber zu Effizienz bezogen auf den Zweck der Warenproduktion, den Wert, das Geld! Lebensmittel mit gesundheitsschädigenden Substanzen können bezogen auf Wertproduktion durchaus effizient sein, gefährliche und gesundheitsschädigende Arbeitsbedingungen ebenso. Alte Menschen, die nicht bezahlen können, vernünftig zu pflegen, ist dagegen nicht effizient. Altersarmut, Kinderarmut oder das massenhafte Verhungern in ganzen Landstrichen sind daher notwendige Begleiterscheinungen eines

Wirtschaftssystems, das über die Konkurrenz um das Geld das Verhalten der Menschen steuert.

Der Vorwurf, aus Gleichgültigkeit, Desinteresse oder Egoismus würde nicht genug getan, obwohl die Mittel vorhanden sind, bzw. der moralische Appell, man müsse sich mehr um die Linderung der Armut kümmern, ist falsch, weil er zu kurz greift. Auch der härteste Manager, Fabrikbesitzer, Politiker oder Arbeitgeberpräsident bekommt feuchte Augen, wenn er ein Kind neben seiner Mutter verhungern sieht – und gespendet wird übrigens auch. Der Grund für Armut und Hunger ist nicht Gleichgültigkeit, zuwenig Mitgefühl, Unwissen oder Egoismus. Die unsichtbare Hand der Marktkräfte, die Gesetzmäßigkeit des auf das Geldverdienen ausgerichteten Wirtschaftssystems sind ausschlaggebend. Wenn der Präsident eines Landes, in dem gerade große Teile der Bevölkerung verhungern, davon abrät, Lebensmittel an die Bedürftigen zu verteilen, da sonst der Lebensmittelmarkt völlig zerstört und die Lage langfristig noch aussichtsloser würde, dann spricht er die bittere Wahrheit über die unsichtbare Hand der Marktkräfte aus. Spenden, so gut sie gemeint sind, ändern am Grund der Armut nichts.

Der Zweck der Warenproduktion ist nicht der Gebrauchswert, sondern das Geld. Warenproduktion bzw. Warenhandel sind daher keine harmlose, unschuldige oder gar die natürlichste Form des Wirtschaftens zum Zwecke der Versorgung der Menschheit. Warenproduktion und Warenhandel sind in ihrem Gegensatz zwischen Gebrauchswert und Wert der Ausgangspunkt für die Brutalitäten, die mit der Verwandlung von Geld in Kapital ihre zwangsläufige Fortsetzung finden.

2.1 Das Geheimnis der Verwandlung von Geld in Kapital: Die Arbeitskraft wird zur Ware

Wen die negativen Auswirkungen der einfachen Form der Warenwirtschaft stören, der hat bereits an dieser Stelle gute Gründe dafür, Marktwirtschaft nicht mit Kooperation zu verwechseln und für die natürlichste oder gar einzig mögliche Form des Wirtschaftens zu halten. In der Marktwirtschaft machen sich notgedrungen alle auf die Jagd nach dem Geld, denn bei allem Idealismus über den Warenhandel weiß jeder: Wenn ich Geld besitze, habe ich Zugang zu den in Warenform existierenden Reichtümern der Welt, wenn ich kein Geld besitze, bin ich ein armer Hund.

Wie wird man also reich? Das ist die spannende Frage sowohl für diejenigen, die hinter dem Geld herjagen wollen, als auch für diejenigen, die Armut bekämpfen wollen und dafür zunächst die Gründe von Armut und Reichtum wissen müssen.

Lotto mit 1 zu 2.000.000 Gewinnchance oder Ratespiele im Fernsehen haben viel mit dem Prinzip Hoffung zu tun, erklären aber nicht, wie es einige schaffen, nicht nur Millionär, sondern zunehmend sogar Multimillionär oder Milliardär zu werden, während andere mit ihrer Rente nicht auskommen oder am Monatsende regelmäßig einen Kontoleerstand verbuchen.

Der einfache Warenhandel erklärt dieses Phänomen auch nicht. Da kann ich mich noch so anstrengen, geschickt oder raffiniert sein: Warenhandel ist Äquivalenttausch, das heißt, der über die durchschnittlich gesellschaftlich notwendige Arbeitszeit gemessene Wert meiner Arbeitsprodukte tauscht sich vermittelt über das Geld gegen einen entsprechenden Wert eines anderen Arbeitsproduktes.[29] Selbst wenn ich in der Konkurrenz erfolgreich bin – was ja nicht nur von mir, sondern ebenso von meinen Konkurrenten abhängt –, begrenzt daher meine eigene Arbeitszeit im einfachen Warenhandel die Menge an Geld, die ich verdienen kann. Im Vergleich zu den notwendigen Verlierern der Konkurrenz ist das schon ein Erfolg, aber Milliardär wird man so nicht.

Übers Ohr hauen, bescheißen und betrügen, also versuchen, seine Waren durch geschickte Verschleierung des Gebrauchswerts über ihrem Wert zu verkaufen, ist das tägliche Geschäft, das aus dem Gegensatz zwischen Verkäufer und Käufer resultiert. Aber richtig reich wird man darüber nicht. Die Kunden sind ja auch nicht blöd. Bei wem man sich betrogen fühlt, da kauft man nicht mehr. Und Diebstahl oder Raub werden von der Polizei verfolgt. Milliardäre haben das nicht nötig, sie können sich ganz korrekt verhalten, weil sie über eine subtilere Methode verfügen.

In der Marktwirtschaft, im freien Warenhandel, gibt es nämlich ein erlaubtes und sogar ehrenwertes Mittel, um sich zu bereichern. Es ist so einfach wie einleuchtend: Man lässt andere für sich arbeiten. Wenn die Menge an Geld, die ich über den einfachen

---

[29] »Ein Mann, der viel Wein und kein Getreide besitzt, handelt mit einem Mann, der viel Getreide und keinen Wein besitzt, und zwischen ihnen wird ausgetauscht Weizen zum Wert von 50 gegen einen Wert von 50 in Wein. Dieser Austausch ist keine Vermehrung des Tauschwerts, weder für den einen noch für den andren; denn bereits vor dem Austausch besaß jeder von ihnen einen Wert gleich dem, den er sich vermittelst dieser Operation verschafft hat. …Derselbe Wert, d.h. dasselbe Quantum vergegenständlichter gesellschaftlicher Arbeit, bleibt in der Hand desselben Warenbesitzers in Gestalt erst seiner Ware, dann des Geldes, worin sie sich verwandelt, endlich der Ware, worin sich dies Geld rückverwandelt. Dieser Formwechsel schließt keine Änderung der Wertgröße ein… In seiner reinen Gestalt ist er ein Austausch von Äquivalenten, also kein Mittel, sich an Wert zu bereichern.« Karl Marx, Das Kapital, Bd.1, S. 171ff

Warenhandel verdienen kann, durch mein eigenes Arbeitsvermögen und meine eigene Arbeitszeit begrenzt ist, dann kann ich mein Einkommen grenzenlos vermehren, wenn ich es schaffe, andere für mich arbeiten zu lassen.

Wenn zehn Menschen für mich arbeiten und mir der Wert ihrer Arbeit zusteht, kommt mein Reichtum natürlich ganz anders voran, als wenn ich auf mich selbst verwiesen bin. Was in der Sklaverei oder in der feudalistischen Leibeigenschaft über direkten Zwang gelöst wurde, geschieht in der Marktwirtschaft, indem die Arbeitskraft zur Ware wird.

Wenn ich als Arbeitgeber jemanden anstelle, kaufe ich seine Arbeitskraft. Wie beim normalen Warenhandel gilt auch hier das Gesetz des Warenaustausches, allerdings mit einer interessanten Besonderheit. Die Ware Arbeitskraft, die zu ihrem Wert auf dem Arbeitsmarkt gekauft wird, schafft durch ihre Anwendung selbst Wert. Der Käufer der Ware Arbeitskraft nutzt daher die Differenz zwischen dem Wert der Arbeitskraft, für die er bezahlt hat, und dem durch die Anwendung der fremden Arbeitskraft erzeugten Wert, den er in Geld einlösen kann.[30] Interessant ist das natürlich nur, wenn der Wert der Arbeitskraft niedriger ist als der Wert, den der Käufer der Ware Arbeitskraft sich über die Intensität und Zeitdauer ihrer Anwendung aneignet. Je länger der Arbeitstag und je intensiver die Verausgabung, desto besser vom Standpunkt des Käufers. Vom Standpunkt des Verkäufers sieht das, wie jeder weiß, umgekehrt aus.

In einem ebenso gegensätzlichen Verhältnis treten sich Käufer und Verkäufer der Ware Arbeitskraft gegenüber, wenn es um die Frage geht: Was ist denn der Wert der Arbeitskraft? Zunächst gilt auch hier das Wertgesetz: »Der Wert der Arbeitskraft, gleich dem jeder anderen Ware, ist bestimmt durch die zur Produktion, also auch Reproduktion, dieses spezifischen Artikels notwendige Arbeitszeit. «[31] Um seine Arbeitskraft zu reproduzieren, das heißt, auch morgen wieder in der Lage zu sein, sie als Ware verkaufen zu können, benötigt man Nahrung, Kleidung, ein Dach über dem Kopf und je nach Tätigkeit eine bestimmte Bildung oder Qualifikation.[32]

---

[30] »Um aus dem Verbrauch einer Ware Wert herauszuziehen, müsste unser Geldbesitzer so glücklich sein, innerhalb der Zirkulationssphäre, auf dem Markt, eine Ware zu entdecken, deren Gebrauchswert selbst die eigentümliche Beschaffenheit besäße, Quelle von Wert zu sein, deren wirklicher Verbrauch also selbst Vergegenständlichung von Arbeit wäre, daher Wertschöpfung. Und der Geldbesitzer findet auf dem Markt eine solche spezifische Ware vor – das Arbeitsvermögen oder die Arbeitskraft.« Karl Marx, Das Kapital, Bd. 1, S. 181f

[31] Vgl. hierzu Karl Marx, Das Kapital, Bd. 1, S. 49-68

[32] »Die durch Abnutzung und Tod dem Markt entzogenen Arbeitskräfte müssen zum allermindesten durch eine gleiche Zahl neuer Arbeitskräfte beständig ersetzt werden. Die Summe der zur Produktion der Arbeitskraft notwendigen Lebensmittel schließt also die Lebensmittel der Ersatzmänner ein, d.h. der Kinder der Arbeiter, so dass sich diese Race eigentümlicher Warenbesitzer auf dem Warenmarkte verewigt.« Karl Marx, Das Kapital, Bd. 1, S. 186

Die Ware Arbeitskraft hat damit gegenüber allen anderen Waren zwei Besonderheiten. Zum einen, dass ihr Gebrauch selbst wertschaffend ist, und zum anderen, dass ihr Wert von dem Durchsetzungsvermögen und den Lebensansprüchen ihrer Besitzer abhängt. »Im Gegensatz zu den andren Waren enthält ... die Wertbestimmung der Arbeitskraft ein historisches und moralisches Element.«[33] Moralisch in dem Sinne, dass vom Standpunkt des Verkäufers in Hinblick auf Verdienst, Freizeit und die eigene Gesundheit dafür gekämpft wird, dass Entlohnung, Arbeitszeit und Arbeitsbedingungen verbessert werden, während mit gleichem Recht von Seiten des Käufers darauf gedrungen wird, die Bezahlung zu verringern, die Arbeitszeit zu erhöhen und bei den Arbeitsbedingungen an Bequemlichkeiten zu sparen. Historisch hat sich über diese ständige Auseinandersetzung – angefangen vom Kampf um den »Normalarbeitstag« bis zu diversen Regelungen zu Arbeitsschutz und Entgeltzulagen – für bestimmte Regionen und bestimmte Perioden ein Durchschnittswert der »notwendigen Lebensmittel« ergeben, die zur Reproduktion der Arbeitskraft erforderlich sind und damit ihren Wert bestimmen.

So kommt es, dass Arbeitnehmer in den entwickelten Industrieländern bei hoher Arbeitsdisziplin und Intensität und dem hierfür erforderlichen Ausbildungsstand sich mit Mikrowelle, Fernseher und Auto ausgestattet reich fühlen. Natürlich nicht gemessen am Reichtum der eigenen »Volkswirtschaft«, sondern gemessen an denen, die statt mit 40 € Bruttostundenlohn mit 1 bis 5 € auskommen müssen. Demgegenüber betrachten die »Arbeitgeber« den gleichen Sachverhalt als übertriebenes Anspruchsdenken und leiten für sich den Anspruch ab, den Wert der Arbeitskraft auf ein »vernünftiges« Niveau zurückzuführen, notfalls mit der realistischen Drohung, die Arbeitsplätze anson-

[33] Karl Marx, Das Kapital, Bd. 1, S. 185

sten nach Osteuropa, Lateinamerika, Asien oder Afrika zu verlegen, dorthin, wo bekanntlich die überwiegende Mehrheit der Menschen nicht für Wertproduktion gebraucht wird und daher froh sein kann, wenn sie überhaupt einen Hungerlohn erhält, statt neben den durchaus vorhandenen Reichtümern verhungern zu dürfen.

Der Wert der Ware Arbeitskraft bzw. der Umfang der zu ihrer Wiederherstellung erforderlichen Lebensmittel wird somit über die gegensätzlichen Interessen von Käufer und Verkäufer der Arbeitskraft bestimmt. Dabei kann es durchaus vorkommen, dass die Arbeitskraft unter ihrem Wert gekauft wird, dass also die erforderlichen Lebensmittel wie Nahrung, Kleidung, Unterkunft etc. nicht in dem Umfang abgegolten werden, dass der durch die Anwendung zustande kommende Verschleiß der Arbeitskraft wiederhergestellt werden kann. In diesen Fällen kommt es zu ernsthafter Erkrankung oder zum vorzeitigen Tod, zu geringerer Lebenserwartung, wie es so schön heißt. In den Teilen der Welt, in denen gemessen an den Erfordernissen der Wertproduktion ein großer Überschuss an Arbeitskräften auf den Arbeitsmarkt drängt, sind die Arbeitgeber gewöhnlich in der Lage, die Arbeitskraft unter Wert zu kaufen.[34] In manchen Fällen greift der Staat regulierend mit Gesetzen zum Mindestlohn, Maximalarbeitstag oder Arbeitsschutz ein, wenn höhere nationale Gesichtspunkte verletzt werden wie die Volksgesundheit, der Nachwuchs für das Militär etc.

Mit dem Kauf der Ware Arbeitskraft verwandelt sich Geld in Kapital. In der einfachen Warenzirkulation war der Zweck der

---

[34] Laut »Weltsozialbericht 2005« der Vereinten Nationen arbeitet fast ein Viertel aller Arbeitskräfte weltweit, ohne genug zu verdienen, um sich und ihre Familien über die Armutsschwelle von einem US-Dollar pro Tag zu heben. Working Poor nennt man diese Menschen, die trotz Erwerbstätigkeit kein Einkommen erreichen, das über der Armutsgrenze liegt.

Warenproduktion der Tauschwert, das Geld als allgemeines Äquivalent, um sich hierüber Zugang zu den in Warenform vorliegenden Reichtümern zu verschaffen. Der Ausgangspunkt war die eigene Ware, die über Geld in eine andere Ware getauscht werden konnte (W-G-W). Mit der Möglichkeit, Arbeitskräfte zu kaufen, also einer Ware, die selbst wertschaffend ist, wird das Geld als Kapital zum Ausgangspunkt der Zirkulation. Nun wird die Zirkulation des Geldes als Kapital zum Selbstzweck. Geld kauft Arbeitskraft, um mehr Geld zu realisieren (G-W-G'). Die Verwertung des Werts existiert nur innerhalb dieser stets erneuerten Bewegung. Die Bewegung des Kapitals ist daher maßlos. Auch hier ist der Gebrauchswert also nie als unmittelbarer Zweck des Geldbesitzers zu behandeln. Auch nicht der einzelne Gewinn, sondern nur die rastlose Bewegung des Gewinnens. Als bewusster Träger dieser Bewegung wird der Geldbesitzer Kapitalist.[35]

---

[35]Karl Marx, Das Kapital, Bd. 1, S. 161f.
»Dass der Gewinn nicht in erster Linie dem Konsum des Kapitalisten dient, sondern der beständigen Kapitalverwertung, d.h. der rastlosen Bewegung des Immer-noch-Mehr-Gewinnens, hört sich vielleicht absurd an. Doch geht es hier nicht um eine individuelle Verrücktheit. Die einzelnen Kapitalisten werden zu dieser Bewegung des rastlosen Gewinnens (beständige Akkumulation, Ausweitung der Produktion, Einführung neuer Techniken etc.) durch die Konkurrenz der anderen Kapitalisten *gezwungen:* Wird nicht akkumuliert, wird nicht der Produktionsapparat ständig modernisiert, droht das eigene Unternehmen von Konkurrenten, die billiger produzieren oder bessere Produkte herstellen, überrollt zu werden. Will sich ein einzelner Kapitalist der ständigen Akkumulation und Innovation entziehen, droht ihm der Bankrott. Er ist deshalb gezwungen mitzumachen, ob er will oder nicht. 'Maßloses Gewinnstreben' ist im Kapitalismus kein moralischer Mangel der Einzelnen, sondern notwendig, um als Kapitalist zu überleben … Daher greift auch eine Kritik zu kurz, die auf das 'maßlose Gewinnstreben' einzelner Kapitalisten, nicht aber auf das kapitalistische System als Ganzes abzielt.« Michael Heinrich, Kritik der politischen Ökonomie, S. 14f

Ob man das ökonomisch bedingte Verhältnis zwischen »Arbeitgeber« und »Arbeitnehmer« Klassengegensatz oder Sozialpartnerschaft nennen will, ändert an den gegensätzlichen Interessen nichts. Wer in der Marktwirtschaft, in der Bedürfnisse nur zählen, wenn man dafür bezahlen kann, lediglich über seine eigene Arbeitskraft als Ware verfügt, wird gemessen an der Reichtumsproduktion seiner Gesellschaft nicht reich. Am Ende des Monats ist vom Verkauf der Arbeitskraft trotz Spülmaschine und DVD-Player nicht mehr genug übrig, um leben zu können. Also ist man erneut darauf verwiesen, seine Arbeitskraft an jemanden zu verkaufen, der sich darüber bereichern will. Das mag solange relativ gut gehen, bis man nicht mehr gebraucht wird, man sich nicht mehr rechnet, wie es so schön heißt. Krankheit und Alter kann sich ein abhängig Beschäftigter bei dieser Sorte Warenhandel selbst in den reichsten Industrieländern der Welt kaum leisten. So passen Volkselend und Nationalreichtum zusammen oder besser gesagt: Die Not, seine Arbeitskraft verkaufen zu müssen, ist in der Marktwirtschaft die Grundlage für die Reichtumsproduktion. Ohne die Möglichkeit, sich durch die Anwendung fremder Arbeit zu bereichern, wird nämlich gar nicht produziert. Das lohnt sich ja nicht.

Wen schert es? Den Arbeitgeber sicherlich nicht. Der hat andere Sorgen. Und die sollte man ernst nehmen. Der Arbeitgeber unterliegt nämlich in der Marktwirtschaft den gleichen Gesetzmäßigkeiten des Warenhandels. Wenn es ihm in der Konkurrenz nicht gelingt, seine Arbeitskräfte zu mehr Produktivität anzutreiben, steht am Ende statt der angestrebten Bereicherung der Konkurs. Wie im einfachen Warenhandel wäre es also falsch, den Gegensatz zwischen Käufer und Verkäufer als schlechte Charaktereigenschaft zu verharmlosen. Die unsichtbare Hand der Marktkräfte zwingt alle zur Effizienz – Effizienz bezogen auf den Zweck der Warenproduktion, den Wert, das

Geld! Und wenn es einigen Arbeitgebern und ihren Managern tatsächlich gelingt, sich hierüber zu bereichen, dann ist das nicht der Witz. Der Gegensatz zwischen Gebrauchswert und Wert, zwischen Arbeitgeber und Arbeitnehmer ist kein Verteilungsproblem. Es ist grundsätzlicher. Wären in der Marktwirtschaft die Reichen auch ärmer, würde sich nichts am Zweck des Produktionsverhältnisses ändern. Solange die Wirtschaft als Warenproduktion, als Marktwirtschaft organisiert ist, bleibt der Zweck das Geld und seine grenzenlose Vermehrung als Kapital. Gebrauchswerte inklusive eigene Arbeitskraft sind hier zum bloßen Mittel degradiert. Versorgung ist nicht Zweck, sondern kommt nur in dem Maße zustande, wie ich in der Konkurrenz in der Lage bin, mir Geld zu verschaffen. Der absolute Bereicherungstrieb, diese leidenschaftliche Jagd nach den Geld, regiert die Welt.

2.2 Exkurs: Wo kommen ursprünglich die Kapitalisten her?

»Eins jedoch ist klar. Die Natur produziert nicht auf der einen Seite Geld- oder Warenbesitzer und auf der andren bloße Besitzer der eignen Arbeitskraft. Dies Verhältnis ist kein naturgeschichtliches und ebenso wenig ein gesellschaftliches, das allen Geschichtsperioden gemein wäre. Es ist offenbar selbst das Resultat einer vorhergegangenen historischen Entwicklung, das Produkt vieler ökonomischer Umwälzungen, des Untergangs einer ganzen Reihe älterer Formationen der gesellschaftlichen Produktion.«[36]

»In einer längst verflossnen Zeit gab es auf der einen Seite eine fleißige, intelligente und vor allem sparsame Elite und auf der

[36] Karl Marx, Das Kapital, Bd. 1, S. 183

andren faulenzende, ihr alles und mehr verjubelnde Lumpen. ... So kam es, dass die ersten Reichtum akkumulierten und die letzteren schließlich nichts zu verkaufen hatten als ihre eigne Haut. Und von diesem Sündenfall datiert die Armut der großen Masse, die immer noch, aller Arbeit zum Trotz, nichts zu verkaufen hat als sich selbst, und der Reichtum der wenigen, der fortwährend wächst, obgleich sie längst aufgehört haben zu arbeiten.«[37] Wer es so sehen möchte, kann sich die Welt so zurechtlegen. »In der wirklichen Geschichte spielen bekanntlich Eroberung, Unterjochung, Raubmord, kurz Gewalt die große Rolle.«[38]

Ein Blick zurück ins 15. bis 17. Jahrhundert gibt hier einige Anhaltspunkte.

Im Zuge der aufkommenden Industrialisierung löste die Marktwirtschaft in fast allen europäischen Ländern in diesem Zeitraum die bestehenden feudalistischen Herrschafts- und Produktionsverhältnisse ab. Im Feudalismus hatte der Adel – diverse Grafen, Fürsten und Könige und deren Familienclans – den Landbesitz unter sich aufgeteilt. Sein Mittel war der Krieg. Zum

---

[37] Karl Marx, Das Kapital, Bd. 1, S. 741f
[38] Karl Marx, Das Kapital, Bd. 1, S. 742

Kriegsdienst waren Vasallen verpflichtet, denen im Gegenzug das Nutzungsrecht für das Land inklusive aller darauf lebender Menschen übertragen wurde. Der überwiegende Teil der Bevölkerung bestand aus Bauern, die als Leibeigene nicht das Recht hatten, das von ihnen bestellte Land zu verlassen. Sie waren der Rechtsprechung des Herrn unterworfen und schuldeten dem Grundherren Frondienste, das heißt Abgaben in Form von Arbeitsleistungen oder Naturalabgaben. Die zu Gilden und Zünften zusammengeschlossene bürgerliche Oberschicht gewann über Handels- und Geldverleihgeschäfte zunehmend an Macht. Mit dem Beginn der Industrialisierung erkämpfte sich das Bürgertum die heute als Menschenrechte geltenden Bürgerrechte und beseitigte in den bürgerlichen Revolutionen die »Unfreiheit des Feudalismus«.

Für die Mehrheit der Bevölkerung wurde dies jedoch zur doppelten Befreiung, zum Beispiel in England, wo im 15. Jahrhundert die ungeheure Mehrzahl der Bevölkerung noch aus selbstwirtschaftenden Bauern bestand. Mit dem Aufblühen der flandrischen Wollmanufaktur wurde die Verwandlung von Ackerland in Schafsweide zum Losungswort. Während bis ins 15. Jahrhundert noch auf ca. 1000 Hektar Viehweide 3000 bis 4000 Hektar Ackerland kamen, waren es ab Mitte des 16. Jahrhunderts 3000 Hektar Viehweide auf 1000 Hektar Ackerland. Wo sind die Menschen geblieben, die vom Ackerbau lebten? Um der lukrativeren Viehweide Platz zu machen, wurden sie vertrieben und ihre Häuser gewaltsam niedergerissen oder dem Verfall geweiht. Ähnlich wurden über ganz Europa massenhaft Menschen von ihren Produktionsmitteln getrennt und als mittellose Arbeitskräfte auf den sich parallel entwickelnden industriellen Arbeitsmarkt geworfen. Frei und mittellos war ihr neuer Zustand. Aber die Einsicht, ihre Arbeitskraft regelmäßig, Tag für Tag und zu nahezu allen, auch noch so ungesunden Bedingungen zu verkaufen, war damit noch nicht geboren. »Die durch Auflösung der feudalen Gefolgschaften und durch stoßweise, gewaltsame Expropriation von Grund und Boden Verjagten, dies vogelfreie Proletariat konnte unmöglich ebenso rasch von der aufkommenden Manufaktur absorbiert werden, als es auf die Welt gesetzt ward. Andrerseits konnten die plötzlich aus ihrer gewohnten Lebensbahn Herausgeschleuderten sich nicht ebenso plötzlich in die Disziplin des neuen Zustandes finden. Sie verwandelten sich massenhaft in Bettler, Räuber, Vagabunden, zum Teil aus Neigung, in den meisten Fällen durch den Zwang der Umstände. Ende des 15. und während des ganzen 16. Jahrhunderts gab es daher in ganz Westeuropa eine Blutgesetzgebung wider Vagabundage.«[39]

»Heinrich VIII, 1530: Alte und arbeitsunfähige Bettler erhalten eine Bettellizenz. Dagegen Auspeitschung und Einsperrung für handfeste Vagabunden. Sie sollen an einen Karren hinten angebunden und gegeißelt werden, bis das Blut von ihrem Körper strömt, dann einen Eid schwören, zu ihrem Geburtsplatz oder dorthin, wo sie die letzten drei Jahre gewohnt, zurückzukehren und sich an die Arbeit zu setzen. … Bei zweiter Ertappung auf Vagabundage soll die Auspeitschung wiederholt und das halbe Ohr abgeschnitten, bei drittem Rückfall aber der Betroffne als schwerer Verbrecher und Feind des Gemeinwesens hingerichtet werden. …

Elisabeth, 1572: Bettler ohne Lizenz und über 14 Jahre alt sollen hart gepeitscht und am linken Ohrlappen gebrandmarkt werden, falls sie keiner für zwei Jahre in Dienst nehmen will; im Wiederholungsfall, wenn über 18 Jahre alt, sollen sie hingerichtet werden …

---

[39] Karl Marx, Das Kapital, Bd. 1, S. 761-762

Jakob I.: Eine herumwandernde und bettelnde Person wird für einen Landstreicher und Vagabunden erklärt. Die Friedensrichter in den Petty Sessions sind bevollmächtigt, sie öffentlich auspeitschen zu lassen und bei erster Ertappung 6 Monate, bei zweiter 2 Jahre ins Gefängnis zu sperren. Während des Gefängnisses soll sie so oft und soviel gepeitscht werden, als die Friedensrichter für gut halten ... Die unverbesserlichen und gefährlichen Landstreicher sollen auf der linken Schulter mit R gebrandmarkt und an die Zwangsarbeit gesetzt, und wenn man sie wieder auf dem Bettel ertappt, ohne Gnade hingerichtet werden …

Ähnliche Gesetze in Frankreich. Noch in der ersten Zeit Ludwigs XVI. (Ordonnanz vom 13. Juli 1777) sollte jeder gesund gebaute Mensch vom 16. bis 60. Jahr, wenn ohne Existenzmittel und Ausübung einer Profession, auf die Galeeren geschickt werden.«[40]

»Es kostet Jahrhunderte, bis der »freie« Arbeiter infolge entwickelter kapitalistischer Produktionsweise sich freiwillig dazu versteht, d.h. gesellschaftlich gezwungen ist, für den Preis seiner gewohnheitsmäßigen Lebensmittel seine ganze aktive Lebenszeit, ja seine Arbeitsfähigkeit selbst … für ein Gericht Linsen zu verkaufen. … Noch während des größten Teils des 18. Jahrhunderts, bis zur Epoche der großen Industrie, war es dem Kapital in England nicht gelungen, durch Zahlung des wöchentlichen Werts der Arbeitskraft sich der ganzen Woche des Arbeiters … zu bemächtigen. Der Umstand, dass sie eine ganze Woche mit dem Lohn von 4 Tagen leben konnten, schien den Arbeitern kein hinreichender Grund, auch die andren zwei Tage für den Kapitalisten zu arbeiten.«[41]

---

[40] Karl Marx, Das Kapital, Bd. 1, S. 762ff
[41] Karl Marx, Das Kapital, Bd. 1, S. 287ff

Wenn man von der Geschichte absieht bzw. nur einen Aspekt der Verwandlung der Mehrheit der Bevölkerung in Lohnarbeiter betrachtet, dann erscheint diese Verwandlung als ihre Befreiung von Leibeigenschaft und Zunftzwang. Diese Seite kann man in unseren Geschichtsbüchern ausführlich nachlesen. Sie wird gefeiert als bürgerliche Revolution und Verankerung der auch heute für die soziale Marktwirtschaft geltenden Menschenrechte: Freiheit, Gleichheit, Eigentum.[42]

»Andrerseits aber werden diese Neubefreiten erst Verkäufer ihrer selbst, nachdem ihnen alle ihre Produktionsmittel und alle durch die alten feudalen Einrichtungen gebotenen Garantien ihrer Existenz geraubt sind.«[43] Als gleichberechtigte Warenverkäufer sind sie frei, das anzubieten, was sie haben, ihre Arbeitskraft. Dabei schafft die Trennung des Produzenten von seinen Produktionsmitteln mit der Freisetzung von notwendigen Lebens- und Arbeitsmitteln zugleich den inneren Warenmarkt. Die Lebensmittel und Rohstoffe, die früher eine Bauernfamilie erzeugte, um sie nachher größtenteils selbst zu verzehren, diese Rohstoffe und Lebensmittel sind jetzt Waren, Geschäftsmittel für andere geworden. Um nun in ihren Besitz zu kommen, muss man in Konkurrenz das verkaufen, was man noch hat – die eigene Arbeitskraft. Damit die Arbeitskraft selbst überhaupt zur Ware wird, bedarf es also einer doppelten Freiheit. Zunächst muss ihr Besitzer über sie verfügen können, also freier Eigentümer seines Arbeitsvermögens, seiner Person sein. Darüber hinaus ist aber die zweite wesentliche Bedingung erforderlich, damit jemand seine Arbeitskraft »freiwillig« an einen Geldbe-

---

[42] Erklärung der Menschen- und Bürgerrechte von 1789, Artikel 2: Der Zweck jeder politischen Vereinigung ist die Erhaltung der natürlichen und unantastbaren Menschenrechte. Diese sind das Recht auf Freiheit, das Recht auf Eigentum, das Recht auf Sicherheit und das Recht auf Widerstand gegen Unterdrückung.

[43] Karl Marx, Das Kapital, Bd. 1, S. 743

sitzer verkauft: Ihr Besitzer darf über keine eigenen Produktionsmittel oder Waren verfügen, die er statt seiner eigenen Arbeitskraft verkaufen könnte. Im Gegensatz zum gesellschaftlichen kollektiven Eigentum an Arbeits- und Produktionsmitteln müssen die erforderlichen Mittel also Privatleuten gehören und somit andere ausschließen. Privateigentum muss gesellschaftspolitisch anerkannt sein. Und hier geht es nicht um die eigene Zahnbürste oder sonstige Lebens- und Konsummittel, sondern um Rohstoffe, Werkzeuge, Maschinen und ganze Fabriken. Dies ist alles andere als selbstverständlich![44]

»Die Entdeckung der Gold- und Silberländer in Amerika, die Ausrottung, Versklavung und Vergrabung der eingebornen Be-

[44] »Zur Verwandlung von Geld in Kapital muss der Geldbesitzer also den freien Arbeiter auf dem Warenmarkt vorfinden, frei in dem Doppelsinn, dass er als freie Person über seine Arbeitskraft als seine Ware verfügt, dass er andrerseits andre Waren nicht zu verkaufen hat, los und ledig, frei ist von allen zur Verwirklichung seiner Arbeitskraft nötigen Sachen. Die Frage, warum dieser freie Arbeiter ihm in der Zirkulationssphäre gegenübertritt, interessiert den Geldbesitzer nicht, der den Arbeitsmarkt als eine besondre Abteilung des Warenmarkts vorfindet.« Karl Marx, Das Kapital, Bd. 1, S. 183

völkerung in die Bergwerke, die beginnende Eroberung und Ausplünderung von Ostindien, die Verwandlung von Afrika in ein Geheg zur Handelsjagd auf Schwarzhäute bezeichnen die Morgenröte der kapitalistischen Produktionsära. Diese idyllischen Prozesse sind Hauptmomente der ursprünglichen Akkumulation. … Der außerhalb Europa direkt durch Plünderung, Versklavung und Raubmord erbeutete Schatz floss ins Mutterland zurück und verwandelte sich hier in Kapital.«[45]

Die so genannte ursprüngliche Akkumulation – die Trennung des Produzenten von seinen Produktionsmitteln, der Verkauf seiner Arbeitskraft und über den Kauf der Arbeitskraft die Verwandlung von Geld in Kapital – ist historisch nicht gewaltfrei abgelaufen. Es wäre jedoch falsch, an dieser Stelle nachträgliche Gerechtigkeit zu fordern. Die Resultate der Marktwirtschaft sind nämlich alles andere als ungerecht. Sie schmücken sich zu Recht mit den so genannten Menschenrechten: Freiheit, Gleichheit und Eigentum. »Freiheit! Denn Käufer und Verkäufer einer Ware, z.B. der Arbeitskraft, sind nur durch ihren freien Willen bestimmt. Sie kontrahieren als freie, rechtlich ebenbürtige Personen. ... Gleichheit! Denn sie beziehen sich nur als Warenbesitzer aufeinander und tauschen Äquivalent für Äquivalent. Eigentum! Denn jeder verfügt nur über das Seine.«[46] Wo die Kapitalisten ursprünglich den Reichtum herhaben, wie hoch ihre Profitrate, die Vermögens- oder Erbschaftssteuer sind, ändert an der Sache nichts. Das Recht auf Eigentum an Produktionsmitteln und damit die Möglichkeit, Arbeitskraft zu kaufen, und der unsichtbare Zwang der Konkurrenz, mit der Anwendung der Arbeitskraft rücksichtslos, aber produktiv und effizient umzugehen, um möglichst viel Geld zu erwirtschaften,

---

[45] Karl Marx, Das Kapital, Bd. 1, S. 779ff
[46] Karl Marx, Das Kapital, Bd. 1, S. 190

das wieder als Kapital investiert und vermehrt werden kann, mit einem Wort: Das Produktionsverhältnis ist das Problem.

Nachdem die Geburtswehen der ursprünglichen Akkumulation überwunden waren, entwickelte sich mit der Etablierung der sozialen Marktwirtschaft eine Klasse abhängig beschäftigter Arbeitnehmer, die aus Erziehung, Tradition und Gewohnheit die Anforderungen der marktwirtschaftlichen Produktionsweise inzwischen als selbstverständliche Naturgesetze anerkennt. Die eigene Mittellosigkeit, das heißt der über das Recht auf Eigentum hergestellte Ausschluss von den Produktionsmitteln, zwingt sie jeden Tag aufs Neue, ihre Arbeitskraft als Ware anzubieten. Da nicht alle gebraucht werden oder besser gesagt nicht alle lohnend angewandt werden können und damit Arbeitslosigkeit und Verelendung drohen, bleiben die Ansprüche an den Arbeitslohn gemessen am Gewinnanspruch des Arbeitgebers realistisch. »Außerökonomische, unmittelbare Gewalt wird zwar immer noch angewandt, aber nur ausnahmsweise (bei Gesetzesverstoß). Für den gewöhnlichen Gang der Dinge kann der Arbeiter den "Naturgesetzen der Produktion" überlassen bleiben, d.h. seiner aus den Produktionsbedingungen selbst entspringenden, durch sie garantierten und verewigten Abhängigkeit vom Kapital.«[47]

Inzwischen ist es zur Selbstverständlichkeit geworden, dass man für andere arbeiten geht, und es ist ebenso selbstverständlich, dass der, der andere für seinen Reichtum und zu seinen Bedingungen arbeiten lässt, als Arbeitgeber geschätzt wird. Wie beim Geld- und Warenfetisch erscheint das Produktionsverhältnis der Menschen untereinander als reine Sachnotwendigkeit. Allein die Größe des Eigentums, über das einer aus welchem Grund auch immer verfügt, bestimmt darüber, ob Kinder- oder Altersarmut

[47] Karl Marx, Das Kapital, Bd. 1, S. 765

für einen relevant sind. Der ökonomische Gegensatz zwischen denen, die über Eigentum an Produktionsmitteln verfügen, und denen, die nur ihr eigenes Arbeitsvermögen verkaufen können, bestimmt somit über die Gesetzmäßigkeiten des Produktionsverhältnisses das tägliche Miteinander. Da unter marktwirtschaftlichen Gesichtspunkten nicht die aufgewendete Zeit und Mühe, sondern nur die für das Arbeiten-Lassen aufgewendete Bezahlung als Aufwand zählen, sind die Bedürfnisse der arbeitenden Bevölkerung immer zu hoch. Da nicht die Bedürfnisse, die man mit den hergestellten Produkten befriedigen kann, sondern der Gewinn der Zweck ist, kann nie genug gearbeitet werden.

Rationalisierung, Produktionsverlagerung in Niedriglohnländer, Akkordlohn, Überstunden, Schichtarbeit, Zeiterfassung, Vertrauensarbeitszeit, Arbeitsschutzmaßnahmen, Tarifverhandlungen usw. sind Begriffe aus dem alltäglichen Arbeitsleben, die von dem in der sozialen Marktwirtschaft existierenden Interessensgegensatz zeugen. Dem einen geht es um die lohnende Verwertung seines eingesetzten Kapitals, dem anderen um seine persönlichen Lebensbedürfnisse. Für alle, die es geschafft haben, andere für sich arbeiten zu lassen, finden sich im folgenden Abschnitt interessante Hinweise, was zu beachten ist, damit man für sein eingesetztes Geld möglichst viel bekommt.

2.3 Das Einmaleins der Bereicherung

»Der Gebrauch der Arbeitskraft ist die Arbeit selbst. Der Käufer der Arbeitskraft konsumiert sie, indem er ihren Verkäufer arbeiten lässt.«[48]

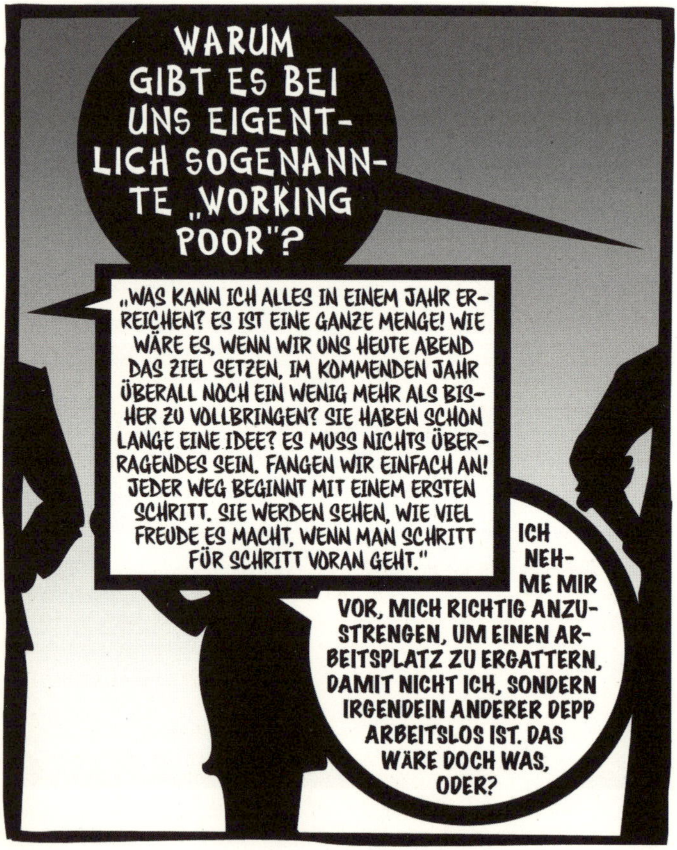

[48] Karl Marx, Das Kapital, Bd. 1, S. 192

Der Arbeits- und Produktionsprozess ist zunächst unabhängig von der Gesellschaftsform und unabhängig vom Wirtschaftssystem darüber bestimmt, dass es um die zweckmäßige Herstellung von Gebrauchsgegenständen, um die Aneignung der Natur für die menschlichen Bedürfnisse geht. Hierzu werden Rohstoffe, Werkzeuge und zur Erleichterung der erforderlichen menschlichen Arbeit Maschinen benötigt. Die Arbeit muss organisiert und geplant und über Arbeitsteilung und Kooperation effektiv gestaltet werden. Soweit die abstrakte Gemeinsamkeit des Arbeits- und Produktionsprozesses unabhängig von spezifischen Zwecken und vorherrschenden Interessen bestimmter Gesellschaftsformen.

Der Arbeits- und Produktionsprozess, wie er in der Marktwirtschaft organisiert ist, zeigt demgegenüber zwei eigentümliche Phänomene: Der Arbeitnehmer arbeitet unter der Kontrolle des Arbeitgebers, dem er seine Arbeitkraft verkauft. Das Produkt der Arbeit ist daher Eigentum des Arbeitgebers, der sein Geld als Kapital in die Anwendung der Arbeitskraft inklusive der erforderlichen Rohstoffe und Arbeitsmittel investiert.[49] Der Zweck der Investition ist in diesem Wirtschaftssystem daher nicht die Herstellung bestimmter Gebrauchswerte, diese sind bloß Mittel für die Verwertung des eingesetzten Kapitals. Über den Produktionsprozess soll aus Geld mehr Geld gemacht werden. Die Vermehrung des eigenen privaten Vermögens ist die Triebfeder der Produktion und das soll gemäß der marktwirtschaftlichen Wirtschaftsordnung auch so sein.

---

[49] »Der Arbeitsprozess ist ein Prozess zwischen Dingen, die der Kapitalist gekauft hat, zwischen ihm gehörigen Dingen. Das Produkt dieses Prozesses gehört ihm daher ganz ebenso sehr als das Produkt des Gärungsprozesses in seinem Weinkeller.« Vgl. Karl Marx, Das Kapital, Bd. 1, S. 200

Mit einer Investition in Rohstoffe, z.B. im Wert von 50 Geldeinheiten, plus den Wert von Werkzeugen oder Maschinen entsprechend ihrer zeitlichen Abnutzung, z.B. anteilig 30 Geldeinheiten und zwei Stunden Arbeitszeit mit einem gesellschaftlich durchschnittlichen Wert von z. B. 40 Geldeinheiten, könnten für einen Wert von 120 Geldeinheiten irgendwelche nützlichen Dinge hergestellt werden, sagen wir Schuhe, Lebensmittel, Bücher oder was auch immer. So nützlich die Schuhe auch wären, so unsinnig wäre es marktwirtschaftlich betrachtet, diese Schuhe zu ihrem Wert von 120 zu verkaufen. 120 Geldeinheiten zu investieren, um 120 Geldeinheiten auf dem Markt zu erlösen, hat zwar einen nützlichen Gebrauchswert geschaffen, ist aber vom Standpunkt des Investors, der sein Geld vermehren will, ein Misserfolg. Der Arbeitgeber will ja »nicht nur einen Gebrauchswert produzieren, sondern eine Ware, nicht nur Gebrauchswert, sondern Wert, und nicht nur Wert, sondern auch Mehrwert.«[50] Die Lösung ist, wie bereits ausgeführt, die wertschaffende Qualität der Ware Arbeitskraft. Wenn man, statt die zwei Stunden Arbeitszeit zu ihrem Wert zu bezahlen, die Arbeitskraft für einen ganzen Tag, z.B. für 80 Geldeinheiten, kauft und sie acht Stunden anwendet, fügt die Arbeitskraft im obigen Beispiel einen Wert von 160 Geldeinheiten hinzu, für die man nur 80 Geldeinheiten bezahlen muss. Das lohnt sich! Zumindest für den Arbeitgeber. Für den Arbeitnehmer bedeutet dieses Produktionsverhältnis, dass er z. B. die Hälfte der Woche für sich und seine Reproduktion und die andere Hälfte der Woche für den Arbeitgeber arbeitet. »Aber dies ist nicht sichtbar. Mehrarbeit und notwendige Arbeit verschwimmen ineinander.«[51]

»Der Wert der Arbeitskraft und ihre Verwertung im Arbeitsprozess sind also zwei verschiedne Größen. Diese Wertdiffe-

[50] Karl Marx, Das Kapital, Bd. 1, S. 201
[51] Karl Marx, Das Kapital, Bd. 1, S. 251

renz hatte der Kapitalist im Auge, als er die Arbeitskraft kaufte. … Der Umstand, dass die tägliche Erhaltung der Arbeitskraft (z.B.) nur einen halben Arbeitstag kostet, obgleich die Arbeitskraft einen ganzen Tag wirken, arbeiten kann, dass daher der Wert, den ihr Gebrauch während eines Tags schafft, doppelt so groß ist als ihr eigner Tageswert, ist ein besonderes Glück für den Käufer, aber durchaus kein Unrecht gegen den Verkäufer.«[52]

Als volkswirtschaftliches Steuerungsprinzip setzt das marktwirtschaftliche System bewusst und unter Wahrung der gleichen Rechte und Freiheiten aller Warenbesitzer auf die Verfolgung des Eigennutzes als Triebfeder der gesellschaftlichen Produktion. Dass der eine nur seine eigene Arbeitskraft anzubieten hat, der andere sein Kapital, ist daher keine Ungerechtigkeit, sondern die Grundlage des ganzen marktwirtschaftlichen Produktionsverhältnisses. Nach Adam Smith, dem Begründer der modernen marktwirtschaftlichen Volkswirtschaftslehre, führt die

---

[52] Karl Marx, Das Kapital, Bd. 1, S. 208
»Zuerst haben wir gesehen, dass die ursprüngliche Verwandlung einer Wertsumme in Kapital sich durchaus gemäß den Gesetzen des Austausches vollzog. Der eine Kontrahent verkauft seine Arbeitskraft, der andre kauft sie. Der erstere empfängt den Wert seiner Ware, deren Gebrauchswert - die Arbeit - damit an den zweiten veräußert ist. Dieser verwandelt nunmehr ihm bereits gehörende Produktionsmittel mit Hilfe von ihm ebenfalls gehörender Arbeit in ein neues Produkt, das ihm ebenfalls von Rechts wegen gehört. ...
Der Wert des neuen Produkts schließt ferner ein: das Äquivalent des Werts der Arbeitskraft und einen Mehrwert. Und zwar deshalb, weil die für einen bestimmten Zeitraum, Tag, Woche etc., verkaufte Arbeitskraft weniger Wert besitzt, als ihr Gebrauch während dieser Zeit schafft. Der Arbeiter aber hat den Tauschwert seiner Arbeitskraft bezahlt erhalten und hat damit ihren Gebrauchswert veräußert – wie das bei jedem Kauf und Verkauf der Fall. Dass diese besondere Ware Arbeitskraft den eigentümlichen Gebrauchswert hat, Arbeit zu liefern, also Wert zu schaffen, das kann das allgemeine Gesetz der Warenproduktion nicht berühren. Wenn also die in Arbeitslohn vorgeschossne Wertsumme sich im Produkt nicht bloß einfach wieder vorfindet, sondern um einen Mehrwert vermehrt vorfindet, so rührt dies nicht her aus einer Übervorteilung des Verkäufers, der ja den Wert seiner Ware erhalten, sondern nur aus dem Verbrauch dieser Ware durch den Käufer.« Karl Marx, Das Kapital, Bd. 1, S. 610-611

unsichtbare Hand der Marktkräfte den homo oeconomicus, das rational seinen Eigennutzen verfolgende Individuum, ungewollt dazu, zum Wohlstand der Nation beizutragen. Wohlgemerkt, zum Wohlstand *der Nation*. Was das heißt, kann man an der reichsten Nation der Welt, den USA, studieren – der Nation mit dem höchsten Bruttosozialprodukt der Welt und mehr als 30 Millionen Menschen, die nach eigener offizieller Statistik unter die Armutsgrenze fallen.[53] In der sozialen Marktwirtschaft sind Reichtum der Nation und Volkselend daher kein Widerspruch. Die Armut, die Produktionsmittellosigkeit der Mehrheit der Bevölkerung, ist die notwendige Bedingung für die Verwandlung von Geld in Kapital, sonst würde ja keiner zur privaten Bereicherung eines anderen seine eigene Arbeitskraft verkaufen.

Alle möglichen nützlichen Dinge werden marktwirtschaftlich also nur hergestellt, wenn der Arbeits- und Produktionsprozess zugleich Verwertungsprozess für das eingesetzte Kapital ist. Der Arbeitgeber investiert in Rohstoffe, Arbeitsmittel und die Ware Arbeitskraft und setzt die Bedingungen für eine möglichst effiziente Vermehrung seines Kapitals. Effizienz heißt hier, den Aufwand soweit wie möglich zu reduzieren, um den Ertrag

---

[53] Laut dem vom Census Bureau der US-Regierung vorgelegten Einkommensbericht für 2004 hat die Ungleichheit der Einkommensverteilung 2004 einen historischen Rekordstand erreicht. Der Anteil der untersten 20 Prozent der US-Haushalte am Gesamteinkommen betrug 2004 nur noch 3,4 Prozent gegenüber 4,1 im Jahr 1970 und der der Mitteklasse 14,7 Prozent gegenüber 17,4. Das Heer der US-Arbeiter, die ohne jede Sozial- und Krankenversicherung schuften müssen, ist im vergangenen Jahr um weitere 800000 auf 45,8 Millionen angewachsen. 1,1 Millionen Menschen mehr als im Vorjahr galten 2004 offiziell als arm. Diese Gruppe wuchs damit auf 37 Millionen an. Ähnlich wie im reichen Deutschland. Gemäß dem 3. Armuts- und Reichtumsbericht der Bundesregierung von 2008 ist der Niedriglohnbereich – also der Anteil der so genannten »working poor«, die weniger als zwei Drittel des Medians der Bruttoerwerbseinkommen der Gesamtbevölkerung verdienen – gegenüber 2002 von 35,5% auf 36,4% in 2005 gestiegen. 1990 betrug der Anteil etwas mehr als ein Viertel.

entsprechend zu erhöhen. Im Gegensatz zu einer gemeinschaftlich geplanten Wirtschaftsweise, in der Effizienz die Herstellung bestimmter nützlicher Dinge unter Minimierung des persönlichen Aufwands der Produzenten hieße, versteht der Arbeitgeber in der sozialen Marktwirtschaft unter Aufwandsreduzierung eine geringere Bezahlung bei gleicher oder ausgedehnter Arbeitszeit. Die Lebensmittel zu reduzieren und den Verschleiß zu erhöhen, ist marktwirtschaftlich effizient im Sinne der erfolgreichen Verwertung des eingesetzten Kapitals. Hierzu gibt es die folgenden erfolgversprechenden Methoden.

2.3.1 Der Arbeitstag kennt keine Grenzen

Die einfachste Methode, aus der Anwendung der gekauften Arbeitskraft für sich selbst mehr herauszuholen, ist die Verlängerung des Arbeitstages. »Wenn Sie mir erlauben, sagte mir ein sehr respektabler Fabrikherr, täglich nur 10 Minuten Überzeit arbeiten zu lassen, stecken Sie jährlich 1000 Pfd. St. in meine Tasche.«[54]

---

[54] Karl Marx, Das Kapital, Bd. 1, S. 257
Ideologisch ausgedrückt klingt es folgendermaßen: »Wenn eine Firma hart im Wettbewerb steht, wird eine Arbeitszeitverlängerung ohne (!) Lohnausgleich Arbeitsplätze erhalten, die sonst verloren gegangen wären. Gesamtwirtschaftlich wirkt die Arbeitszeitverlängerung wie technischer Fortschritt. Bei gegebener Belegschaft und gegebenem Kapitalstock steigen Produktion und Einkommen (?!). Aus den höheren Einkommen wird mehr gespart und investiert, und durch das Mehr an Investitionen können mehr Arbeitsplätze entstehen. Die Wochenarbeitszeit sollte deshalb um vier Stunden verlängert werden, von 38 auf 42 Stunden. Das würde einen Wachstumseffekt von bis zu 10 % auslösen, und die Lohnkosten um 10 % verringern.«
Hans-Werner Sinn, Ifo Institut http://www.cesifo.de. So steigert der eine sein Einkommen zu Lasten des anderen und fördert zugleich den Wohlstand der Nation. Wenn man nämlich das Gesamteinkommen der Wirtschaft durch die

Was ist überhaupt ein Arbeitstag? Wie lange darf der Arbeitgeber, der die Arbeitskraft gekauft hat, diese eigentlich für seinen Nutzen anwenden? Oder die wirklich spannende Frage: Wie weit kann der Arbeitstag über die zur Reproduktion der Arbeitskraft selbst notwendige Arbeitszeit verlängert werden? Wie viel Mehrwert lässt sich also aus der Anwendung der gekauften Arbeitskraft herausholen? Der Arbeitnehmer denkt bei der Beantwortung der Frage an sein Privatleben und seine Gesundheit. Der Arbeitgeber hat seine eigene Sichtweise. Er fragt nicht nach den Privatinteressen oder der Lebensdauer der Arbeitskraft. Was ihn interessiert, ist einzig und allein das Maximum von Arbeitskraft, das an einem Arbeitstag zu seinem privaten Vorteil genutzt werden kann. Der Kapitalist beruft sich dabei zu Recht auf das Gesetz des Warenaustausches. Er, wie jeder andre Käufer, ist bestrebt, den größtmöglichen Nutzen aus dem Gebrauchswert seiner Ware herauszuschlagen.

Die Länge des Arbeitstages hat jedoch physische Schranken. Der Tag hat 24 Stunden, der Mensch braucht Schlaf, muss essen und trinken und der Körper braucht Erholung von körperlicher und geistiger Anstrengung. Wenn dies nicht im ausreichenden Maße gewährt wird, sind Gesundheitsschäden oder frühzeitiger Tod die Folge. Zum Glück für den Arbeitgeber ist diese physische Schranke sehr flexibel. Die Geschichte der marktwirtschaftlichen Produktion von den Anfängen bis heute zeigt anschaulich, dass unabhängig von den unmittelbaren oder langfristigen Folgen für die Verkäufer der Arbeitskraft Arbeitstage von unterschiedlicher Länge (8, 10, 12, 14, 16, 18 Stunden) möglich sind. Die englische Fabrikgesetzgebung von 1833 bis 1864 verdeutlicht, wie dehnbar diese physische

Anzahl der Köpfe teilt, steigt trotz Lohnverzicht des einen auch sein Pro-Kopf-Einkommen.

Schranke bzw. wie rücksichtslos der Zweck der Geldvermehrung gegenüber den Interessen der Arbeitskraftverkäufer ist.

»1833, als das englische Parlament in vier Fabrikzweigen den Arbeitstag für Kinder von 13 bis 18 Jahren auf 12 volle Arbeitsstunden herabsetzte, schien der Jüngste Tag der englischen Industrie angebrochen![55] ... Das Gesetz von 1833 erklärt, der gewöhnliche Fabrikarbeitstag solle beginnen um halb 6 Uhr morgens und enden halb 9 Uhr abends, und innerhalb dieser Schranken, einer Periode von 15 Stunden, solle es gesetzlich sein, junge Personen (d.h. Personen zwischen 13 und 18 Jahren) zu irgendeiner Zeit des Tags anzuwenden, immer vorausgesetzt, dass ein und dieselbe junge Person nicht mehr als 12 Stunden innerhalb eines Tags arbeite, mit Ausnahme gewisser speziell vorgesehner Fälle. ... Das Parlament bestimmte, dass nach dem 1. März 1834 kein Kind unter 11 Jahren, nach dem 1. März 1835 kein Kind unter 12 Jahren und nach dem 1. März 1836 kein Kind unter 13 Jahren über 8 Stunden in einer Fabrik arbeiten solle!

... Während des Dezenniums, worin .. (das Gesetz) erst teilweise, dann ganz die Fabrikarbeit regulierte, strotzen die offiziellen Berichte der Fabrikinspektoren von Klagen über die Unmöglichkeit seiner Ausführung. Da das Gesetz von 1833 es nämlich den Herrn vom Kapital freistellte, in der fünfzehnstün-

---

[55] Die Zustände vor dem Jüngsten Tag der englischen Industrie geben ein eindrucksvolles Bild von der Maß- und Rücksichtslosigkeit der marktwirtschaftlichen Steuerung gegenüber den Verkäufern der Ware Arbeitskraft: »Um 2, 3, 4 Uhr des Morgens werden Kinder von 9 bis 10 Jahren ihren schmutzigen Betten entrissen und gezwungen, für die nackte Subsistenz bis 10, 11, 12 Uhr nachts zu arbeiten, während ihre Glieder wegschwinden, ihre Gestalt zusammenschrumpft, ihre Gesichtszüge abstumpfen und ihr menschliches Wesen ganz und gar in einem steinähnlichen Torpor erstarrt, dessen bloßer Anblick schauderhaft ist. Wir sind nicht überrascht, dass Herr Mallett und andre Fabrikanten auftraten, um Protest gegen jede Diskussion einzulegen...« Karl Marx, Das Kapital, Bd. 1, S. 258

digen Periode von halb 6 Uhr morgens bis halb 9 Uhr abends jede »junge Person« und jedes »Kind« zu irgend beliebiger Zeit die zwölf-, respektive die achtstündige Arbeit beginnen, unterbrechen, enden zu lassen, und ebenso den verschiednen Personen verschiedene Stunden der Mahlzeiten anzuweisen, fanden die Herrn bald ein neues »Relaissystem« aus, wonach die Arbeitspferde nicht an bestimmten Stationen gewechselt, sondern an wechselnden Stationen stets wieder von neuem vorgespannt werden.

... Fabrikakt vom 7. Juni 1844. ... Er gruppiert eine neue Kategorie von Arbeitern unter die Beschützten, nämlich die Frauenzimmer über 18 Jahre. Sie wurden in jeder Rücksicht den jungen Personen gleichgesetzt, ihre Arbeitszeit auf 12 Stunden beschränkt, Nachtarbeit ihnen untersagt ... das Zehnstundengesetz trat am 1. Mai 1848 in Kraft.

... Frankreich hinkt langsam hinter England her. Es bedarf der Februarrevolution (von 1848) zur Geburt des Zwölfstundengesetzes

... In den Vereinigten Staaten von Nordamerika blieb jede selbständige Arbeiterbewegung gelähmt, solange die Sklaverei einen Teil der Republik verunstaltete.

... 1866 beschloss der »Internationale Arbeiterkongress« zu Genf ... Wir schlagen 8 Arbeitsstunden als legale Schranke des Arbeitstags vor.«[56]

[56] Karl Marx, Das Kapital, Bd. 1, S. 293ff

HEUTE WIRD DER BEGRIFF „MANCHESTERLIBERALISMUS" OFT MIT „RAUBTIERKAPITALISMUS" ODER MIT DER IDEOLOGIE DES REINEN EGOISMUS GLEICHGESETZT, DER DIE SOZIALEN BELANGE DES MENSCHEN, VOR ALLEM DER ARBEITER, AUSSER ACHT LÄSST. DABEI STAND DER MANCHESTERLIBERALISMUS ZUALLERERST FÜR DEN FREIHANDEL. DIE LIBERALEN SAHEN IM PROTEKTIONISMUS DIE URSACHE FÜR DIE VERELENDUNG DER MASSEN UND IM FREIHANDEL DEN SCHLÜSSEL ZU MEHR WOHLSTAND. ÖKONOMISCH BETONEN LIBERALE RECHT AUF PRIVATES EIGENTUM, DA NUR DIESES DIE FREIHEIT DES EINZELNEN GEWÄHRLEISTEN KANN. DIE LIBERAL-MARKTWIRTSCHAFTLICHE WIRTSCHAFTSORDUNG SORGT ÜBER DEN MARKT FÜR OPTIMALE ALLOKATION DER RESSOURCEN. EIN FREIER WETTBEWERB STELLT DABEI DAS PRINZIPIELL OPTIMALE STEUERUNGSINSTRUMENT DER WIRTSCHAFT DAR. ZUM NUTZEN ALLER!
DURCH DIE ENTFESSELUNG DES MARKTES KOMMT ES ABER ZU UNGLEICHGEWICHTEN UND UNAUSGEWOGENHEITEN.

»Der Kapitalist behauptet sein Recht als Käufer, wenn er den Arbeitstag so lang als möglich und womöglich aus einem Arbeitstag zwei zu machen sucht. … und der Arbeiter behauptet sein Recht als Verkäufer, wenn er den Arbeitstag auf eine bestimmte Normalgröße beschränken will. Es findet hier also eine Antinomie statt, Recht wider Recht, beide gleichmäßig durch das Gesetz des Warenaustausches besiegelt. Zwischen gleichen Rechten entscheidet die Gewalt. Und so stellt sich in der Geschichte der kapitalistischen Produktion die Normierung des Arbeitstags als Kampf um die Schranken des Arbeitstags dar – ein Kampf zwischen dem Gesamtkapitalisten, d.h. der Klasse der Kapitalisten, und dem Gesamtarbeiter, oder der Arbeiterklasse.«[57]

---

[57] Karl Marx, Das Kapital, Bd. 1, S. 249

Die Geschichte der Reglung bzw. der noch fortdauernde Kampf um die Reglung des so genannten Normalarbeitstages zeigt eindrucksvoll, dass der vereinzelte Arbeiter als »freier« Verkäufer seiner Arbeitskraft in diesem Kampf unterliegt.[58]

---

[58] Arbeitszeiten von 12 bis 16 Stunden sind natürlich auch heute in der Marktwirtschaft weiter an der Tagesordnung und Kinderarbeit ist dabei oft die einzige Möglichkeit, die Familie zu ernähren.
Zum Beispiel in der Teppichindustrie:
»Der Arbeitstag der Kinder ist in der Regel sehr lang, selten endet er vor zehn und manchmal erst nach 14 oder 16 Stunden, ein Schulbesuch ist daher unmöglich.« - Im Netz: www.globalmarch.de
Oder im Dienstleistungsbereich:
»Den Traum vom Tellerwäscher zum Millionär konnte sich der zwölfjährige Subash Choure bei einem Tageslohn von 15 Rupien (28 Cents) nicht verwirklichen. Stattdessen musste er 13 Stunden am Tag abwaschen - in einem Hotel, dessen Besitzer ihn schlecht behandelte.« - Terre des hommes – Hilfe für Kinder in Not. Im Netz: www.tdh.de
Oder in der Landwirtschaft:
»Laut einem (in 2000) veröffentlichten Report der Menschenrechtsorganisation Human Rights Watch ist Kinderarbeit in den USA durch ein Bundesgesetz geregelt. Davon ausgenommen ist jedoch die Arbeit in der Landwirtschaft. Zahlreiche US-Farmer nutzen daher die Gelegenheit, um hunderttausende Kinder völlig legal 12 bis 14 Stunden pro Tag arbeiten zu lassen. Die Arbeitsbedingungen sind auch nicht besser als in den Entwicklungsländern. Der ungeschützte Kontakt mit Pestiziden ruiniert die Gesundheit und Hitzschläge führen zu Lern- und Gedächtnisproblemen.« - Im Netz: www.dreigliederung.de
Oder in den Bergwerken:
»Täglich schuften mehrere Tausend Mädchen und Jungen in den Bergwerken der Stadt Potosí in Bolivien – damit ihre Familien überleben. Miguel arbeitet schon zwei Jahre im Cerro Rico, dem "reichen Berg" inmitten der Anden Boliviens. Hier gab es einst die reichsten Silberminen der Welt. Jeden Tag zwängt sich der Elfjährige auf der Suche nach Mineralien durch die engen, ungesicherten Stollen. Die Arbeitsbedingungen unter Tage sind brutal, schwere Atemwegserkrankungen und Infektionen von Augen und Haut die Folge. Die Temperaturen im Stollen erreichen fast 40 Grad. "Manchmal kann ich kaum atmen, weil der Schwefelgehalt in der Luft so hoch ist, " klagt Miguel. Der Junge verbringt fast zehn Stunden täglich im Stollen. Zwei Scheiben trockenes Brot und eine Flasche Wasser sind sein ganzer Proviant. "Gegen den quälenden Hunger kauen wir Kokablätter. Das hilft zumindest ein wenig," erzählt er leise. Die Arbeit unter Tage ist lebensgefährlich, immer wieder stürzen Tunnel ein. Miguel bekommt am Tag vier Dollar – ein Hungerlohn, ohne den seine Familie jedoch nicht überleben kann.« - Im Netz: www.kindernothilfe.de. Für einen Großteil der Weltbevölkerung ließen sich ähnliche Geschichten erzählen, die Erwachsenen natürlich eingeschlossen!

Es ist ja gerade seine Mittellosigkeit, die den Arbeitnehmer zwingt, sich dem seinem Interesse an Gesundheit und Freizeit entgegengesetzten Zweck des Arbeitgebers zu unterwerfen. Einmal errungene Reduzierungen der Arbeitszeit werden zudem bei jeder Gelegenheit vom Standpunkt der Arbeitgeber im Sinne der Marktwirtschaft zu Recht in Frage gestellt. »Im weltweiten Wettbewerb können wir uns diesen Luxus nicht mehr leisten. Die deutschen Unternehmen müssen sich immer stärker gegen ausländische Konkurrenten behaupten, die zu ungleich günstigeren Konditionen produzieren. Viele deutsche Betriebe verlagern deshalb die Fertigung ins Ausland – ein katastrophaler Trend für den nationalen Arbeitsmarkt. Die Ritualdebatten der Tarifparteien und Arbeitsmarktpolitiker müssen deshalb endlich aufhören. Wir sollten uns nüchtern den Fakten stellen und sehr schnell heilige Kühe schlachten.« So oder so ähnlich das Plädoyer der Arbeitgeber. Durchaus überzeugend, wenn man auch als Arbeitnehmer die marktwirtschaftliche Steuerung als die einzig mögliche Wirtschaftsform sehen will. Solange der Gewinn – und hierbei kommt es nicht auf seine Höhe an! – der Grund für die Produktionsentscheidung des Arbeitgebers ist, ist ein Achtstundentag in der Tat ein Wettbewerbsnachteil gegenüber einem 12- oder 16-Stundentag. So werden dann die schlechteren Arbeitsbedingungen irgendwo auf der Welt zum Maßstab für das, was man sich noch leisten kann. Der Wohlstand der Nation lässt sich mit einem 16-Stundentag auch bei uns steigern. [59]

---

[59] Der Kampf um die Länge des Arbeitstages wird dabei nicht nur um die absolute Länge ausgefochten, sondern bezieht sich ebenso unerbittlich auf jede denkbare Unterbrechung der Arbeitszeit: Frühstücks- und Mittagspausen, Wasch- und Umkleidezeit, Krankheits- und Urlaubszeiten. »Die Zeit, während deren der Arbeiter arbeitet, ist die Zeit, während deren der Kapitalist die von ihm gekaufte Arbeitskraft konsumiert. ... Konsumiert der Arbeiter seine disponible Zeit für sich selbst, so bestiehlt er den Kapitalisten.« Karl Marx, Das Kapital, Bd. 1, S.220f. Diebstahl wird entsprechend rigoros bestraft. »Arbeitszeitbetrug« ist ein fristloser Kündigungsgrund, mit den entsprechenden, unangenehmen Folgen, wenn man keinen neuen Job findet.

»In seinem maßlos blinden Trieb, seinem Werwolfs-Heißhunger nach Mehrarbeit, überrennt das Kapital nicht nur die moralischen, sondern auch die rein physischen Maximalschranken des Arbeitstags. … Die kapitalistische Produktion verlängert die Produktionszeit des Arbeiters während eines gegebenen Termins durch Verkürzung seiner Lebenszeit. … Das Kapital ist daher rücksichtslos gegen Gesundheit und Lebensdauer des Arbeiters, wo es nicht durch die Gesellschaft zur Rücksicht gezwungen wird.«[60]

Die Gesellschaft, das heißt an dieser Stelle der Staat, hat aber auch ihre eigenen Zwecke. Als Nationalstaat mit marktwirtschaftlicher Gesellschaftsordnung setzen die Regierungsparteien in Konkurrenz zum gleichen Zweck anderer Staaten auf den marktwirtschaftlichen Erfolg der in ihrem Hoheitsgebiet tätigen Unternehmen. Das Arbeitgeberinteresse an erfolgreichem Geschäft, also am möglichst gewinnträchtigen Einsatz der gekauften Arbeitskräfte, wird vom Staat im Rahmen der marktwirtschaftlichen Wirtschaftsordnung grundsätzlich geteilt. Mit der gesetzlichen Absicherung des Eigentums an Produktionsmitteln und damit dem Ausschluss der Mehrheit der Bevölkerung von den Mitteln zur Reichtumsproduktion setzt der Staat die entscheidende Grundlage für den Wohlstand der Nation – wohlgemerkt, der Nation. Armut, Arbeitslosigkeit, Straßenkinder, Berufskrankheiten, Umweltschmutz und chemisch aufpolierte Lebensmittel sind dabei für das Wachstum des Bruttosozialprodukts in gewissem Maße durchaus produktiv. Sie steigern den Einsatzwillen und die Effizienz der arbeitenden Bevölkerung und verhindern ein Abwandern von Unternehmen in »unternehmerfreundlichere« Standorte.

---

[60] Karl Marx, Das Kapital, Bd. 1, S. 280ff

Die physischen Schranken, Gesundheit und Lebenszeit der arbeitenden Bevölkerung interessieren die Arbeitgeber in ihrem Streben nach Vermehrung ihres eingesetzten Kapitals nur, soweit ihr eigenes Geschäft dadurch direkt gefährdet wird. Ansonsten gilt mehr der »Nach mir die Sintflut« Standpunkt. Und dies »hängt nicht vom guten oder bösen Willen des einzelnen Kapitalisten ab. Die freie Konkurrenz macht die immanenten Gesetze der kapitalistischen Produktion dem einzelnen Kapitalisten gegenüber als äußerliches Zwangsgesetz geltend.«[61] Der Staat ist demgegenüber nicht am Erfolg eines individuellen Kapitalisten interessiert, sondern am Erfolg seiner marktwirtschaftlich gesteuerten Wirtschaft. So erklärt sich, dass der Staat sich aus übergeordnetem, gesamtwirtschaftlichem Interesse gezwungen sieht, Korrekturen vorzunehmen. Gesetzliche Arbeitszeitregelungen, Arbeitsschutz, Pflichtabgaben zu den gesetzlichen Sozialversicherungen, Umweltschutz etc. sind staatliche Eingriffe, die die notwendig verheerenden Folgen der marktwirtschaftlichen Produktionsweise für Umwelt und Bevölkerung begrenzen wollen. Der Maßstab für die Beschränkung der freien Marktwirtschaft ist dabei aber nicht die Güte der Gebrauchswerte, der Umwelt, der Arbeitsbedingungen bzw. die Versorgung der Bevölkerung. Als Verfechter der marktwirtschaftlichen Wirtschaftsordnung sind für den Staat ebenso wie für die Unternehmer die Gebrauchswerte nur Mittel zum Zweck. Der Zweck ist der Reichtum in Form von Geld. Die Mittellosigkeit der Mehrheit der Bevölkerung ist in dieser Sorte von Reichtumsproduktion für die Unternehmer wie für den Staat die Grundlage marktwirtschaftlichen Erfolgs. Die arbeitende Bevölkerung muss in der Lage und bereit sein, für die Vermehrung fremden Reichtums und in diesem Sinne für den Reichtum der Nation jeden Tag aufs Neue ihre Arbeitskraft zu verkaufen. Der Maßstab für die vom Staat auferlegten Beschränkungen ist die

[61] Karl Marx, Das Kapital, Bd. 1, S. 297

nachhaltige Vermehrung des in Geld gemessenen Reichtums, der in seinem Hoheitsgebiet erwirtschaftet wird. Der hierfür erforderliche Verschleiß der eigenen arbeitenden Bevölkerung darf die nachhaltige unternehmerische Reichtumsproduktion nicht gefährden. Wie der einzelne Unternehmer gegen die Produktionsbedingungen der anderen Unternehmer konkurriert, so konkurriert der marktwirtschaftliche Staat gegen die »Standortvorteile« der anderen Staaten. Dem permanenten Versuch der Arbeitgeber, den Arbeitstag zu verlängern, wird somit je nach Lage der Dinge widersprochen oder Recht gegeben.[62]

Wenn aufgrund gesetzlicher Bestimmungen der Arbeitstag zugunsten der eigenen Bereicherung nicht verlängert werden kann, dann gibt es zum Glück noch andere Methoden, um den Gewinn zu steigern. Rationalisierung und Produktivitätssteigerung sind hier die Stichworte.

---

[62] »Kein Schmerzensgeld für 16-Stunden-Tag
Wie der Anwalt-Suchservice mitteilt, litt ein Schreiner unter zunehmenden Verschleißerkrankungen (Meniskusschaden und chronisches HWS-Syndrom). Er führte dies auf jahrelange berufliche Überbeanspruchung zurück. Schließlich hatte er auf ausdrückliche Weisung seines Arbeitgebers regelmäßig neun bis 16 Stunden am Tag arbeiten müssen. Der Handwerker forderte daraufhin gerichtlich Schmerzensgeld von seinem Chef. Aber das LAG Rheinland-Pfalz in Koblenz wies seine Klage ab (Urt. v. 18.11.2004 – 11 Sa 408/04). Demnach hafte der Unternehmer nur, wenn er neben der bewussten Verletzung von Arbeitszeitregeln auch die Erkrankung seines Angestellten billigend in Kauf genommen habe. Doch genau diesen bedingten Vorsatz seines Chefs habe der Schreiner im vorliegenden Fall nicht nachweisen können. Viel eher, so das Gericht, sei davon auszugehen, dass der Arbeitgeber mit dem Eintritt eines größeren Gesundheitsschadens nicht gerechnet habe.« (Pressemitteilung des Anwalt-Suchservice vom 13.07.2005)
Die Entscheidung ergeht völlig zu Recht. In der marktwirtschaftlichen Kalkulation eines Unternehmers kommt die Gesundheit der Arbeitnehmer gar nicht vor. Mit der Verlängerung des Arbeitstages hat sich der Arbeitgeber daher lediglich einen höheren Gewinn ausgerechnet.

2.3.2 Produktivitätssteigerung (1) Maschine oder Lohn?

Maschinen erleichtern das Leben. Schwere, gesundheitsschädliche körperliche Arbeit kann auf Maschinen verlagert werden. Es kann mit ihnen schneller und damit mehr produziert werden. Die notwendige Arbeitszeit kann so entweder bei gleicher Versorgung verkürzt und das Reich der Freizeit vergrößert werden, oder es kann die Versorgung mit nützlichen Dingen verbessert werden, bei gleich bleibender Arbeitszeit. Im Zuge des technischen Fortschritts kann somit die Versorgung der Menschen bei gleichzeitiger Verbesserung der Arbeitsbedingungen und Verkürzung der notwendigen Arbeitszeiten gesteigert werden. Fluch oder Segen?[63]

Wenn man sich die Organisation von Arbeit und Produktion nur als Marktwirtschaft vorstellen will, ist die Antwort alles andere als eindeutig. Das fängt schon bei der Entscheidung an, ob überhaupt in eine Maschine investiert wird. Es geht hier nicht um die Verbesserung von Arbeitsbedingungen oder die Verkürzung der Arbeitszeit, sondern schlicht darum, ob sich mit der Anwendung einer Maschine für den Besitzer mehr Geld verdienen lässt als mit der Anwendung der sonst notwendigen Arbeitskräfte. Es geht also um die Reduzierung von Lohnstückkosten durch die Entlassung von Mitarbeitern im Vergleich zum Stückkostenaufwand beim Einsatz einer Maschine. Technischer Fortschritt findet so statt, es werden auch mehr nützliche Gegenstände hergestellt, aber auf Kosten derer, die überflüssig und

[63] Die Dummheit, nicht die kapitalistische Anwendung der Maschinerie zu bekämpfen, sondern die Maschinerie selbst, war historisch Grund für Maschinenstürmerei und ist heute unter dem Titel »Fluch oder Segen der Technik« beliebter Bestandteil der »kritischen« Meinungsbildung.

arbeitslos werden. Da Arbeitslosigkeit in der Marktwirtschaft nicht mit dem »Reich der Freiheit« zu verwechseln ist, heißt dies für die Betroffenen Ausschluss vom Reichtum. Mit wenigem oder ohne Geld ist bekanntlich nichts los in einer Gesellschaft, in der die Verfügung über Geld Voraussetzung für den Konsum ist.

In der Marktwirtschaft ist die Maschine daher nicht Hilfsmittel im Arbeitsalltag, sondern wird zum Konkurrenten des Arbeiters selbst. Über das Steuerungsprinzip der marktwirtschaftlichen Kalkulation verwandelt die Maschinerie einen Teil der Arbeitnehmer in überflüssige, d.h. nicht länger zur Verwertung des investierten Kapitals unmittelbar notwendige Bevölkerung. Dieser »Teil der Arbeiterklasse ... überfüllt den Arbeitsmarkt und senkt daher den Preis der Arbeitskraft unter ihren Wert.«[64] So erklärt sich das Paradox, dass das Mittel zur Erleichterung der menschlichen Arbeit historisch mit dem größten Elend unter der Bevölkerung einherging. Im Zuge der industriellen Revolution starben und sterben weltweit Teile der für die Marktwirtschaft überflüssigen Bevölkerung oder vegetieren mit ihren Familien mit 1 bis 2 Dollar pro Tag in chronischem Elend.[65]

---

[64] Karl Marx, Das Kapital, Bd. 1, S. 454

[65] »Akut dagegen wirkte die englischen Baummaschinerie auf Ostindien, dessen Generalgovaneur 1834/35 konstatierte: Das Elend findet kaum eine Parallele in der Geschichte des Handels. Die Knochen der Baumwollweber bleichen die Ebenen von Indien. « Karl Marx, Das Kapital, Bd. 1, S. 454f

»In kaum einem anderen Land sind die Kontraste zwischen Arm und Reich, zwischen moderner Industrialisierung und kolonial-feudalen Landwirtschafts- und Besitzstrukturen so krass. Es scheint, die Menschen ein und desselben Landes lebten in zwei verschiedenen Welten: Nach Angaben des Entwicklungsprogramms der Vereinten Nationen lebt fast die Hälfte der brasilianischen Bevölkerung in absoluter Armut. Bei einer Gesamtbevölkerung von rund 168 Millionen (Mitte 1999) gehört Brasilien zu den Ländern mit der größten absoluten Zahl von in Armut lebenden Menschen. 43,5 Prozent der Menschen fristen ihr Dasein mit einem Einkommen von weniger als zwei US Dollar pro Tag. Die Lage dieser Menschen unterscheidet sich kaum von derjenigen der Ärmsten in anderen Teilen der Welt. So sind z.B. über eine Million Kinder unter

Produktivitätssteigerung bedeutet marktwirtschaftlich zuallererst Entlassung und dies nicht *trotz* der guten Geschäfte und Gewinne, sondern *wegen* Gewinn und Geschäft. Wer meint, trotz der Gewinne käme es zu Entlassungen, will offensichtlich die geltende Kalkulationsgrundlage der Marktwirtschaft nicht wahrhaben. Er denkt, es wäre doch nicht nötig, da das Unternehmen aufgrund vorhandener Gewinne in seinem Bestand nicht gefährdet sei. Man könne also die Maschine statt zur Lohnkostensenkung mittels Entlassung auch zur Arbeitsreduzierung für alle benutzen. Könnte man ja auch, wenn die Wirtschaft nicht über die unsichtbare Hand des Wertgesetzes zwecks Vermehrung des Privateigentums gesteuert würde. Das ist aber das Programm der Marktwirtschaft und so verstehen und begrüßen es die Arbeitgeber auch. Der einzige Grund, seinen privaten Reichtum in Maschinen und/oder Arbeitskräfte zu stecken, ist die Vermehrung des Privateigentums. Das muss man einfach ernst nehmen. Natürlich könnte man die Wirtschaft anders organisieren, aber wer will das schon. Die Arbeitgeber nicht, die im Gegensatz zu den Arbeitnehmern über die Mittel verfügen, und der Staat auch nicht, der über die ihn vertretenden politischen Parteien die Marktwirtschaft zu seinem Steuerungsprinzip erklärt. Der Reichtum der Nation kommt ja gerade durch die Entlassungen und die Intensivierung der verbleibenden Arbeit zustande und nicht durch ein angenehmeres Leben für alle.

---

fünf Jahren unterernährt. Die Gesundheits-, sanitäre und Nahrungsmittelversorgung ist für die Mehrheit der Bevölkerung mangelhaft, und Bildung ist ein Privileg für wenige. Brasilien ist zwar (?!) die achtgrößte Industrienation der Welt, rangiert jedoch gemäß dem Index der menschlichen Entwicklung der UNDP von 1995 (HDI) an 62. Stelle.« Im Netz: www.novartisfoundation.com

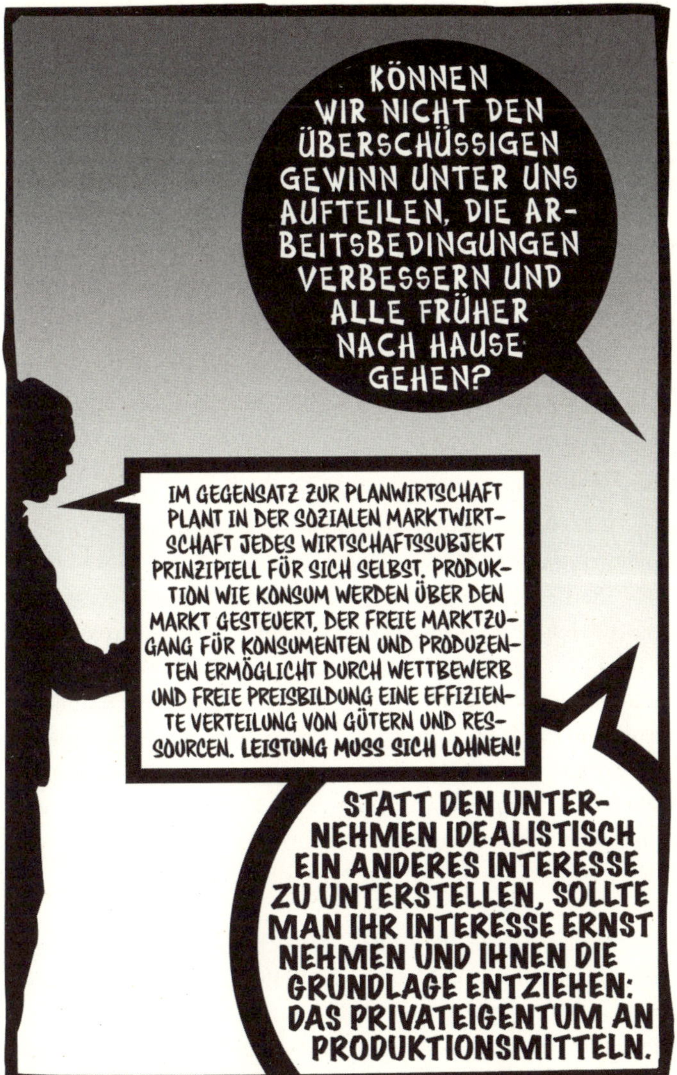
KÖNNEN WIR NICHT DEN ÜBERSCHÜSSIGEN GEWINN UNTER UNS AUFTEILEN, DIE ARBEITSBEDINGUNGEN VERBESSERN UND ALLE FRÜHER NACH HAUSE GEHEN?
IM GEGENSATZ ZUR PLANWIRTSCHAFT PLANT IN DER SOZIALEN MARKTWIRTSCHAFT JEDES WIRTSCHAFTSSUBJEKT PRINZIPIELL FÜR SICH SELBST. PRODUKTION WIE KONSUM WERDEN ÜBER DEN MARKT GESTEUERT, DER FREIE MARKTZUGANG FÜR KONSUMENTEN UND PRODUZENTEN ERMÖGLICHT DURCH WETTBEWERB UND FREIE PREISBILDUNG EINE EFFIZIENTE VERTEILUNG VON GÜTERN UND RESSOURCEN. LEISTUNG MUSS SICH LOHNEN!
STATT DEN UNTERNEHMEN IDEALISTISCH EIN ANDERES INTERESSE ZU UNTERSTELLEN, SOLLTE MAN IHR INTERESSE ERNST NEHMEN UND IHNEN DIE GRUNDLAGE ENTZIEHEN: DAS PRIVATEIGENTUM AN PRODUKTIONSMITTELN.

2.3.3 Produktivitätssteigerung (2) Mehr Freizeit oder Intensivierung der Arbeit?

Im Interesse der Privateigentümer bedeutet Produktivitätssteigerung zuallererst Entlassung auf Kosten derer, die überflüssig gemacht und damit arbeitslos werden. Für die, die das Glück haben, trotz der produktivitätssteigernden Wirkung einer Maschine ihre Arbeitskraft weiter erfolgreich verkaufen zu können, ist die Frage »Fluch oder Segen?« aber auch nicht eindeutig zu beantworten.

Natürlich ist der Einsatz einer Maschine eine sehr sinnvolle Sache, wenn es darum geht, schwere und gesundheitsschädliche körperliche Arbeit auf die Maschine zu verlagern, wenn durch gleichen Einsatz bei höherer Produktivität mehr nützliche Dinge für alle Beteiligten produziert werden können oder wenn, da zur Bedürfnisbefriedigung genug vorhanden ist, die Arbeitszeit für alle Beteiligten verkürzt werden kann. Der Inhalt von Effizienz und Produktivitätssteigerung wird aber entscheidend durch den gesellschaftlichen Zweck der Produktion bestimmt. Wenn der Zweck, wie in der Marktwirtschaft, die private Bereicherung auf der Grundlage des Eigentums an Produktionsmitteln ist, dann bekommen technischer Fortschritt, Effizienz und Produktivitätssteigerung einen völlig andern Inhalt.

Während der Arbeitgeber durch die Verlängerung des Arbeitstages seinen absoluten Mehrwert erhöht, ist Produktivitätssteigerung – sei es durch Werkzeuge und Maschinen oder durch effizientere Arbeitsteilung und Arbeitsorganisation – sein Mittel, um den relativen Mehrwert zu steigern. Beim absoluten Mehrwert interessiert den Arbeitgeber die Differenz zwischen dem

Wert der Arbeitskraft, für den er bezahlt, und dem Wert, den die Arbeitskraft über die Zeitdauer ihrer Anwendung für den Arbeitgeber produziert. Jede Verlängerung des Arbeitstages erhöht so den absoluten Teil der Wertsumme, die er sich selbst aneignet, den Zeitanteil, den der Arbeitnehmer nicht für sich, sondern für den Arbeitgeber arbeitet. Im Falle der Produktivitätssteigerung werden in gleicher Zeit mehr Werte geschaffen als mit der gesellschaftlichen Durchschnittsarbeit bei den konkurrierenden Unternehmen. Da das Produkt der Arbeit dem Arbeitgeber zusteht, eignet er sich diesen zusätzlichen, relativen Mehrwert an. »Der Kapitalist, der die verbesserte Produktionsweise anwendet, eignet sich daher einen größeren Teil des Arbeitstags für die Mehrarbeit an als die übrigen Kapitalisten in demselben Geschäft.«[66] Soweit er es nicht seinem eigenen Vermögen zuschlägt, kann er diesen Vorteil nutzen, um durch günstigere Preise seinen Marktanteil auf Kosten seiner Konkurrenten zu erhöhen. »Andrerseits aber verschwindet jener Extramehrwert, sobald die neue Produktionsweise sich verallgemeinert und damit die Differenz zwischen dem individuellen Wert der wohlfeiler produzierten Waren und ihrem gesellschaftlichen Wert verschwindet. … (somit treibt das) Gesetz der Wertbestimmung … seine Mitbewerber als Zwangsgesetz der Konkurrenz zur Einführung der neuen Produktionsweise. … Da nun der relative Mehrwert in direktem Verhältnis zur Entwicklung der Produktivkraft der Arbeit wächst, während der Wert der Waren in umgekehrtem Verhältnis zur selben Entwicklung fällt, da also derselbe identische Prozess die Waren verwohlfeilert und den in ihnen enthaltnen Mehrwert steigert, löst sich das Rätsel, dass der Kapitalist, dem es nur um die Produktion von Tauschwert zu tun ist, den Tauschwert der Waren beständig zu senken strebt.«[67]

---

[66] Karl Marx, Das Kapital, Bd. 1, S. 337
[67] Karl Marx, Das Kapital, Bd. 1, S. 337f

Das Bestreben der einzelnen Arbeitgeber, durch Produktivitätssteigerungen den ihnen zustehenden Mehrwert zu steigern, schürt die Konkurrenz aller Unternehmen im Markt. Mehr aus den Arbeitskräften herauszuholen wird zum Sachzwang für alle, da der Erfolg des einen nicht nur weniger Gewinn für den anderen, sondern vielleicht sogar dessen Ruin bedeuten kann. Die permanente Steigerung der Produktivkraft ergreift so auch zwangsläufig Industriezweige, deren Produkte den Wert der Arbeitskraft bestimmen, also entweder dem Umkreis der gewohnheitsmäßigen Lebensmittel angehören oder sie ersetzen können. Wenn ein einzelner Unternehmer durch die Steigerung der Produktivkraft der Arbeit z.B. den Wert von Kleidungsstücken senkt, senkt er hierüber ungewollt die notwendige Arbeitszeit für die Reproduktion der Arbeitskraft und damit deren Wert. »Der Wert der Waren steht in umgekehrtem Verhältnis zur Produktivkraft der Arbeit. Ebenso, weil durch Warenwerte bestimmt, der Wert der Arbeitskraft. Dagegen steht der relative Mehrwert in direktem Verhältnis zur Produktivkraft der Arbeit. Er steigt mit steigender und fällt mit fallender Produktivkraft. Ein gesellschaftlicher Durchschnittsarbeitstag von 12 Stunden, Geldwert als gleich bleibend vorausgesetzt, produziert stets dasselbe Wertprodukt von (z.B.) 600 €, wie diese Wertsumme sich immer verteile zwischen Äquivalent für den Wert der Arbeitskraft und Mehrwert. Fällt aber infolge gesteigerter Produktivkraft der Wert der täglichen Lebensmittel und daher der Tageswert der Arbeitskraft von 500 € auf 300 €, so wächst der Mehrwert von 100 € auf 300 €. Um den Wert der Arbeitskraft zu reproduzieren, waren 10 und sind jetzt nur noch 6 Arbeitsstunden nötig. Vier Arbeitsstunden sind frei geworden und können der Domäne der Mehrarbeit annexiert werden. Es ist daher der immanente Trieb und die beständige Tendenz des Kapitals, die Produktivkraft der Arbeit zu steigern, um die Ware und durch die Verwohlfeilerung der Ware den Arbeiter selbst zu verwohlfeilern. Der absolute Wert der Ware ist dem Kapitalisten, der sie produziert, an und für sich gleichgültig. Ihn interessiert nur der in ihr steckende und im Verkauf realisierbare Mehrwert.«[68]

Ob die Arbeitgeber sich dieser aus dem Wertgesetz entspringenden Gesetzmäßigkeit bewusst sind oder nicht, spielt bei ihrem Bestreben keine Rolle. In der über das Geld und dessen Vermehrung gesteuerten Marktwirtschaft ist es durchgesetzter Zweck, den Teil des Arbeitstages, den der Arbeiter für sich selbst arbeiten muss, zu verkürzen, um gerade dadurch den anderen Teil des Arbeitstages, den er für den Arbeitgeber umsonst arbeiten kann, zu verlängern. Die Steigerung des Mehrwertes findet für den Arbeitgeber statt, unabhängig davon, ob seine Ware dem Umkreis der notwendigen Lebensmittel angehört und daher bestimmend in den allgemeinen Wert der Arbeitskraft eingeht. Unabhängig hiervon und dem Bewusstsein über die Zusammenhänge besteht für jeden einzelnen Unternehmer das Motiv, den Wert der Ware durch erhöhte Produktivkraft zu senken.[69] Wettbewerbsfähigkeit nennt man das.

Der Grund für die Investition in eine Maschine ist daher nicht, Arbeitserleichterungen zu schaffen, sondern durch die Einsparung von Lohnkosten bzw. die intensivere Anwendung eine bessere Verwertung des eingesetzten Kapitals und damit einen höheren Mehrwert zu erzielen. Bei körperlich schwerer, einseitiger und gesundheitsgefährdender Arbeit werden, auch wenn es technisch möglich wäre, nicht unbedingt maschinelle Hilfsmittel eingesetzt. Es muss sich für den Arbeitgeber lohnen und der Rückenschaden des Arbeiters ist in der marktwirtschaftlichen Kalkulation nur dort ein ernstzunehmender Faktor, wo es ge-

---

[68] Karl Marx, Das Kapital, Bd. 1, S. 338. Das Beispiel wurde auf € aktualisiert.
[69] Karl Marx, Das Kapital, Bd. 1, S. 336

setzliche Auflagen gibt. Da es um die optimale Auslastung der Maschine geht, sind Arbeitszeitverkürzungen für den Arbeitgeber wirtschaftlich unvernünftig. Das können »wir uns« (!) nicht leisten. Im Gegenteil, die flexible Nutzung des Maschinenparks rund um die Uhr ist geboten. »Wenn die Maschinerie das gewaltigste Mittel ist, die Produktivität der Arbeit zu steigern, d.h. die zur Produktion einer Ware nötige Arbeitszeit zu verkürzen, wird sie als Träger des Kapitals zunächst in den unmittelbar von ihr ergriffnen Industrien zum gewaltigsten Mittel, den Arbeitstag über jede naturgemäße Schranke hinaus zu verlängern. Sie schafft einerseits neue Bedingungen, welche das Kapital befähigen, dieser seiner beständigen Tendenz die Zügel frei schießen zu lassen, andrerseits neue Motive zur Wetzung seines Heißhungers nach fremder Arbeit.«[70]

Neue Bedingungen heißt, mit der Maschine wird es im Gegensatz zur Handarbeit erst möglich, zeitlich unbegrenzt und ohne Rücksicht auf physische Grenzen zu produzieren. Der Arbeiter wird zum Anhängsel der Maschine. Neue Motive heißt, die Investition muss sich amortisieren, d.h. lohnen, bevor der moralische Verschleiß durch die technische Weiterentwicklung sie gegenüber den Konkurrenten entwertet. »Je kürzer die Periode, worin ihr Gesamtwert reproduziert wird, desto geringer die Gefahr des moralischen Verschleißes, und je länger der Arbeitstag, umso kürzer jene Periode. ... Man denke nur! Ein Kapital, das 100000 Pfd. St. gekostet hat, auch nur für einen Augenblick "nutzlos" zu machen! Es ist in der Tat himmelschreiend, dass einer unserer Leute überhaupt jemals die Fabrik verlässt! Der wachsende Umfang der Maschinerie macht ... eine stets wachsende Verlängerung des Arbeitstags wünschenswert.«[71]

---

[70] Karl Marx, Das Kapital, Bd. 1, S. 425

[71] Karl Marx, Das Kapital, Bd. 1, S. 427f. »Daher das ökonomische Paradoxon, dass das gewaltigste Mittel zur Verkürzung der Arbeitszeit in das unfehlbarste

Nacht- und Schichtarbeit sind daher, unabhängig von den gesundheitlichen Wirkungen, auf jeden Fall marktwirtschaftlich erforderlich. Produktivitätssteigerung »bezweckt in der kapitalistischen Produktion also durchaus nicht Verkürzung des Arbeitstages. Sie bezweckt nur Verkürzung der für Produktion eines bestimmten Warenquantums notwendigen Arbeitszeit. Dass der Arbeiter bei gesteigerter Produktivkraft seiner Arbeit in einer Stunde z.B. 10 mal mehr Ware als früher produziert, also für jedes Stück Ware 10mal weniger Arbeitszeit braucht, verhindert durchaus nicht, ihn nach wie vor 12 Stunden arbeiten und in den 12 Stunden 1200 statt früher 120 Stück produzieren zu lassen. Ja, sein Arbeitstag mag gleichzeitig verlängert werden, so dass er jetzt in 14 Stunden 1400 Stück produziert usw.«[72] Für die Nation und die Arbeitgeber lohnt sich das. Für die Entlassenen und die verbliebenen Arbeitskräfte, die nun produktiver für fremden Reichtum arbeiten, ist das die Frage.

In der Marktwirtschaft gibt die Maschine den Takt für die verbleibenden Arbeitskräfte vor, je mehr und je schneller bei gleichzeitig strenger Qualitätsüberwachung desto besser. Dabei kann es durchaus dazu kommen, dass die intensivere Stunde eines achtstündigen Arbeitstages mehr Arbeit enthält als die weniger intensive Stunde eines zehnstündigen Arbeitstages. Eine für den Arbeitgeber lohnende Intensivierung der Arbeit ist daher vielleicht sogar nur innerhalb eines verkürzten Arbeitstages erreichbar. »Je mehr die Produktivkraft der Arbeit wächst, umso mehr kann der Arbeitstag verkürzt werden, und je mehr der Arbeitstag verkürzt wird, desto mehr kann die Intensität der Arbeit wachsen.«[73]

Mittel umschlägt, alle Lebenszeit des Arbeiters und seiner Familie in disponible Arbeitszeit für die Verwertung des Kapitals zu verwandeln.« Karl Marx, Das Kapital, Bd. 1, S. 465

[72] Karl Marx, Das Kapital, Bd. 1, S. 339-340

[73] Karl Marx, Das Kapital, Bd. 1, S. 552

Die Bornierung auf einfache, immer gleiche Handgriffe und Tätigkeiten ist in vielen Fällen effizienter als Abwechslung mit entsprechend höherem Ausbildungsbedarf. Der stärkere Verschleiß bei einseitiger Arbeitsbelastung kostet den Arbeitgeber nichts. Die zunehmende Frühverrentung wird in diesem Zusammenhang mehr als Problem der Rentenkassen gesehen und mit entsprechenden Rentenkürzungen behandelt. Eine gewisse Verblödung des Personals wird dabei zwar von der Arbeitgeberseite abschätzend registriert, aber aus Gründen der Kosteneffizienz tatkräftig gefördert. »Ein Mensch, der sein ganzes Leben in der Verrichtung weniger einfacher Operationen verausgabt ... hat keine Gelegenheit, seinen Verstand zu üben... Er wird im Allgemeinen so stupid und unwissend, wie es für eine menschliche Kreatur möglich ist. … in jeder (?!) industriellen und zivilisierten Gesellschaft ist dies der Zustand, worin der arbeitende Arme (the labouring poor), d.h. die große Masse des Volks notwendig (?!) verfallen muss,« stellt Adam Smith in seinem berühmten Buch »Wohlstand der Nationen« fest und empfiehlt staatlichen Volksunterricht, um die aus der Teilung der Arbeit entspringende völlige Verkümmerung der Volksmasse zu verhindern. Diesem Rat wurde gefolgt. Der marktwirtschaftlich orientierte Staat unterstützt die Nachfrage nach mehr oder weniger gebildeten Arbeitskräften im Rahmen seiner Bildungspolitik. Je nach Lage auf dem Arbeitsmarkt oder mit anderen Worten, je nach der Nachfrage nach gewinnbringend einsetzbaren Arbeitskräften stellt er einen Bildungsnotstand oder ein Kosteneinsparungspotential fest. Auf der Grundlage der »Chancengleichheit« sorgt die Auslese über das Notensystem zusammen mit dem Umfang der Betreuung der Schüler (Anzahl Lehrer pro Schüler etc.) dafür, dass dem Arbeitsmarkt genug gebildete (teurere) und ungebildete (billigere) Arbeitskräfte zugeführt werden. Wo kämen wir denn hin, wenn durch die doppelte Anzahl von Lehrern die Anzahl der Abiturienten verdoppelt würde. Das können wir uns doch gar nicht leisten. Oder?[74]

Der weltweite technische Fortschritt führt in der Marktwirtschaft daher auch für diejenigen, die ihre Arbeit behalten, nicht zwangsläufig zu Arbeitsentlastung und mehr Freizeit, »da … die Maschinerie an sich betrachtet die Arbeitszeit verkürzt, während sie kapitalistisch angewandt den Arbeitstag verlängert, an sich die Arbeit erleichtert, kapitalistisch angewandt ihre Intensität steigert, an sich ein Sieg des Menschen über die Naturkraft ist, kapitalistisch angewandt den Menschen durch die Naturkraft unterjocht, an sich den Reichtum des Produzenten vermehrt, kapitalistisch angewandt ihn verpaupert.«[75] Hauptsache, der Lohn stimmt, könnte man da meinen.

---

[74] »Die relative Entwertung der Arbeitskraft, die aus dem Wegfall oder der Verminderung der Erlernungskosten entspringt, schließt unmittelbar höhere Verwertung des Kapitals ein, denn alles, was die zur Reproduktion der Arbeitskraft notwendige Zeit verkürzt, verlängert die Domäne der Mehrarbeit.« Karl Marx, Das Kapital, Bd. 1, S. 371
Laut Schätzungen der UNESCO gibt es weltweit rund 1 Milliarde Menschen, die nicht lesen und schreiben können. In den reichsten Industrieländern spricht man in diesem Zusammenhang von funktionalem Analphabetismus. Menschen, die nur über das unterste Niveau (»basic prose literacy«) verfügen, d.h., ihre Ausbildung reicht kaum, um ein Formular auszufüllen, die Beschreibungen auf Lebensmitteln zu lesen, geschweige denn, um einen einfachen Text in einer Zeitung zu verstehen. Für das Jahr 2003 ermittelte das National Center for Education Statistics, dass 14 Prozent der Amerikaner das unterste Ausbildungsniveau nicht erreichen und 29 Prozent lediglich über »basic prose literacy« verfügen.
Literacy in Everyday Life: Results from the 2003 National Assessment of Adult Literacy, S.13, im Netz:
http://nces.ed.gov/pubsearch/pubsinfo.asp?pubid=2007480

[75] Karl Marx, Das Kapital, Bd. 1, S. 465

2.3.4 Der Lohn muss sich lohnen

Was für den Arbeitnehmer das notwendige Mittel ist, um an den Reichtümern der Marktwirtschaft teilzuhaben, ist für den Arbeitgeber ein Kostenfaktor, der kleingehalten werden muss, mit dem man wirtschaftlich umgehen muss, der Abzug von seinem Reichtum ist und ständig die Wettbewerbsfähigkeit des eigenen Unternehmens oder sogar der gesamten Volkswirtschaft gefährdet. Wirtschaftliche Vernunft ist geboten. Wir (?!) können uns das nicht leisten, lautet der Schlachtruf, ob in Deutschland, Amerika, Brasilien, Indien, Südafrika oder Japan. Dem Einen oder Anderen – vom privaten Geschäftserfolg seines Arbeitgebers abhängig Beschäftigten – leuchtet das sogar ein. Da so gesehen der eigene Lohnverzicht, unter »konkurrierenden« Beschäftigten verschiedener Unternehmen ebenfalls zum Argument für Lohnverzicht wird, kann es jedoch bei aller »wirtschaftlichen Vernunft« damit enden, dass trotz Lohnverzicht der eigene Arbeitsplatz wegrationalisiert werden muss, damit ohne ihn erfolgreich weiter konkurriert werden kann. Wo zwei gegensätzliche Interessen aufeinander treffen, entscheidet letztlich die Gewalt. Im Falle der Gehalts- bzw. Lohnfrage verpflichtet der marktwirtschaftliche Staat die konkurrierenden Marktteilnehmer auf die Anerkennung des Eigentums an Produktionsmitteln als unantastbare Grundlage ihrer Verhandlungen. Mit dieser Verpflichtung ist das Kräfteverhältnis zwischen Arbeitgeber und Arbeitnehmer bereits entschieden.

2.3.4.1 Wert und Preis der Arbeitskraft

»Der Wert der Arbeitskraft ist bestimmt durch den Wert der gewohnheitsmäßig notwendigen Lebensmittel des Durchschnittsarbeiters. Die Masse dieser Lebensmittel, obgleich ihre Form wechseln mag, ist in einer bestimmten Epoche einer bestimmten Gesellschaft gegeben und daher als konstante Größe zu behandeln. Was wechselt, ist der Wert dieser Masse.«[76]

Wie bereits unter 2.1 dargelegt, wird der Wert der Arbeitskraft, wenn sie zur Ware wird, wie bei allen anderen Waren auf dem Markt durch die zu ihrer Herstellung erforderliche Arbeitszeit bestimmt. Wie viel Arbeitszeit oder, wertmäßig ausgedrückt, wie viel Geld benötigt also ein Durchschnittsarbeiter in einem bestimmtem Industriezweig, um sich und seine Familie zu reproduzieren, d.h. auch morgen wieder auf dem Arbeitsmarkt zur Verfügung zu stehen? Es müssen in jedem Fall die Lebensmittel bezahlt werden, die Wohnung, die Kleidung, die Versorgung der Kinder. Ob darüber hinaus ein Fernseher, eine Mikrowelle, ein Auto oder eine Urlaubsreise zur Reproduktion des Durchschnittsarbeiters notwendig sind oder nicht, ob also als Durchschnittsgehalt 2000, 3000 oder 4000 € erforderlich sind, damit die Arbeitskräfte in einem bestimmten gesellschaftlichen Umfeld nicht verwahrlosen, ist dann schnell die strittige Frage. Hierin unterscheidet sich die Ware Arbeitskraft von allen anderen Waren, bei denen sich über die zur Herstellung durchschnittliche, gesellschaftlich notwendige Arbeitszeit der Wert ergibt. Was in einer Gesellschaft für die Reproduktion erforderlich ist, hängt bei der Ware Arbeitskraft letztlich davon ab, was die vom Verkauf ihrer Arbeitskraft abhängig Beschäftigten im Durchschnitt für ihre Klasse durchsetzen. Das Resultat dieser

[76] Karl Marx, Das Kapital, Bd. 1, S. 542

ständigen Auseinandersetzung mit dem entgegengesetzten Interesse der Arbeitgeber bestimmt den Umfang der gewohnheitsmäßig notwendigen Lebensmittel des Durchschnittsarbeiters und damit den Wert seiner Arbeitskraft in einer bestimmten Gesellschaft. Der Wert dieser gewohnheitsmäßig notwendigen Lebensmittel und damit der Wert der Arbeitskraft steigt und fällt dann, wie bei allen anderen Waren, mit der Entwicklung der Produktivität in ihrer Herstellung.[77]

Was der Einzelne für den Verkauf seiner Arbeitskraft auf dem Arbeitsmarkt bekommt, der Preis der Arbeitskraft, ist dann individuelle Verhandlungssache. Der Preis kann also über oder unter dem Wert der Arbeitskraft liegen. Die eigene Verhandlungsposition wird dabei maßgeblich darüber bestimmt, dass man dringend einen Job braucht, um sich die notwendigen Lebensmittel kaufen zu können, und dass über Produktivitätssteigerungen ständig ein für die Marktwirtschaft überflüssiger Bevölkerungsteil produziert wird, der sich als Konkurrent auf dem Arbeitsmarkt um die gleichen Jobs bewirbt. Angebot und Nachfrage bestimmen den Preis. Je mehr »überflüssige« Arbeitskräfte auf dem Markt sind, desto leichter für die Arbeitgeber, den Preis der Arbeit zu ihrem Vorteil zu senken, auch unter den Wert der Arbeitskraft, d.h. unter die Kosten der zum Überleben notwendigen Lebensmittel. Nach Angaben der Vereinten Nationen vegetieren so im Jahr 2005 1,2 Milliarden Menschen weltweit mit einem Einkommen von ein bis zwei Dollar pro Tag in extremer Armut.[78]

---

[77] »Natürlich weicht in jedem Industriezweig der individuelle Arbeiter, Peter oder Paul, mehr oder minder vom Durchschnittsarbeiter ab. Diese individuellen Abweichungen, ..., kompensieren sich und verschwinden, sobald man eine größere Anzahl Arbeiter zusammennimmt. ... Für den Arbeitgeber, der ein Dutzend beschäftigt, existiert der Arbeitstag daher als Gesamtarbeitstag des Dutzend.« Karl Marx, Das Kapital, Bd. 1, S. 342

[78] »Sie sind billig. Viel billiger, als es ihre Vorfahren im Elend je waren, die auf die Baumwollplantagen des amerikanischen Südens gebracht wurden. Damals

Wenn man statt dessen das Glück hat, dass die Nachfrage über dem Angebot liegt, kann auch ein höherer Preis für den Verkauf der Arbeitskraft durchgesetzt werden. Dies gibt aber vom Standpunkt des Arbeitgebers sofort Anlass zu dringender Rationalisierung oder sogar zu Produktionsverlagerungen. Mit der Drohung allein kann dann am Preis der Arbeit wieder gedreht oder nachhaltig der Wert der Arbeitskraft gesenkt werden, wenn von »übertriebenem« Anspruchsdenken Abstand genommen wird. Reich wird ein Verkäufer seiner Arbeitskraft so nicht und ob es nach 40 Jahren abhängigem Arbeitsleben für den wohlverdienten Lebensabend reicht oder ob das Leben in so genannter Altersarmut endet, ist selbst in den reichsten Industrieländern der Welt für einen zunehmenden Teil der Bevölkerung nicht kalkulierbar. Ungeachtet dessen lautet die vorherrschende Überzeugung der betroffenen Bevölkerung, dass die Marktwirtschaft das überlegene Wirtschaftsystem ist, die beste Form, gesellschaftlich die Produktion zu organisieren. Vom Standpunkt der Arbeitgeber aus stimmt das sogar.

---

war der Sklave teuer und brachte seinem Besitzer kurzfristig wenig ein. Weil es stets zu wenig potentielle Sklaven gab und die Transportkosten extrem hoch waren, galten sie als Investitionen, die einigermaßen pfleglich behandelt werden mussten. Es wäre teuer geworden, sie zu schnell wegen Krankheiten, Schwäche oder Tod zu verlieren. Bei den Sklaven von heute ist es umgekehrt. Das weltweite Reservoir an armen und sozial schwachen Menschen ist so gewaltig, das potentielle "Angebot" also so groß, dass sie immer billiger werden. Und weil sie gleichzeitig so leicht zu ersetzen sind, liegt kaum einem noch viel an ihrer zumindest rudimentären Gesundheitsversorgung, an ihrer körperlichen Verfassung, manchmal sogar an ihrem Leben.« Süddeutsche Zeitung, 30./31.12.2006: »Der Sog des Geldes«.

Während bei der Sklavenarbeit das Ausbeutungsverhältnis für alle Beteiligten offen lag und daher die Peitsche das Mittel zur Gefügigmachung war, reicht bei der Lohnarbeit der »Sog des Geldes«. In der globalen Marktwirtschaft werden alle Lebensmittel als Waren gehandelt. Wer keine Produktionsmittel besitzt, muss seine Arbeitskraft verkaufen, um an das Geld zum Kauf der Lebensmittel heranzukommen. Ob dabei ein Auto und eine Mikrowelle herauskommen oder die eigenen Kinder verkauft werden müssen, um halbwegs überleben zu können, entscheidet der Markt.

2.3.4.2 Kann gerechte Bezahlung Ausbeutung sein?

Oberflächlich betrachtet erscheinen gewisse Dinge oft anders, als sie in Wirklichkeit sind. Die Erde ist eine Scheibe, der Mittelpunkt des Universums, um den sich alles dreht. Geht man der Sache auf den Grund, erklären sich dann bestimmte Phänomene. So erscheint der einfache Warenhandel oberflächlich betrachtet als eine harmlose, für alle Beteiligten vorteilhafte Angelegenheit zur Versorgung mit Gebrauchsgegenständen und das Geld ist schlicht eine nützliche Sache, weil man sonst zum Naturaltausch zurück müsste. Die Analyse der Ware hat demgegenüber gezeigt, dass der Gebrauchswert nur Mittel zum eigentlichen Zweck ist. Es geht um das Geld, und der Ausschluss vom Reichtum – das private Eigentum an Waren und Produktionsmitteln – ist die Grundlage für jeden Warenhandel. Die Gesetzmäßigkeit, mit der sich der Wert als durchschnittlich gesellschaftlich notwendige Arbeitszeit hinter dem Rücken der gegeneinander konkurrierenden Marktteilnehmer auf dem Markt herausstellt, produziert notwendig Gewinner und Verlierer.

»Auf der Oberfläche der bürgerlichen Gesellschaft erscheint der Lohn des Arbeiters als Preis der Arbeit, ein bestimmtes Quantum Geld, das für ein bestimmtes Quantum Arbeit gezahlt wird. … Auf dieser Erscheinungsform, die das wirkliche Verhältnis unsichtbar macht und grade sein Gegenteil zeigt, beruhen alle Rechtsvorstellungen des Arbeiters wie des Kapitalisten, alle Mystifikationen der kapitalistischen Produktionsweise, alle ihre Freiheitsillusionen, alle apologetischen Flausen der Vulgärökonomie.«[79]

[79] Karl Marx, Das Kapital, Bd. 1, S. 557 und S. 562

Mit der auf die Zeit bezogenen Entlohnung wird scheinbar die Arbeitszeit bezahlt. Je länger gearbeitet wird, desto mehr wird bezahlt. Bei über die Normalarbeitszeit hinausgehender Arbeit werden sogar Überstundenzuschläge bezahlt. Beim Stücklohn sieht es auf den ersten Blick so aus, als ob der Preis der Arbeit durch die Leistungsfähigkeit des Produzenten bestimmt werde. Das Produkt der Arbeit wird bezahlt, je mehr produziert wird, desto mehr Geld gibt es.

Wäre das der Fall, dann müsste die arbeitende Bevölkerung ihre gesamte, im jeweiligen Monat oder Jahr geschaffene Produktionsleistung kaufen können. Aber wo kommen denn dann die Gewinne her? Wie war das noch einmal? Wie wird man Milliardär? Wenn ich als Handwerker zehn Stunden arbeite, kann ich die Produkte meiner Arbeit als Waren auf dem Markt zum Wert der gesellschaftlich notwendigen Arbeitszeit gegen ein Äquivalent in Form von Geld verkaufen. Ich kann so andere Warenwerte zum Wert der für ihre Herstellung gesellschaftlich notwendigen Arbeitszeit kaufen. Milliardär werde ich so nicht. Wenn ich andere für mich arbeiten lasse und ihnen ihre Arbeitszeit, also den Wert der von ihnen hergestellten Produkte bezahle, werde ich auch nicht Milliardär: Ich investiere eine bestimmte Summe Geld in Produktionsmittel und Arbeitskräfte und realisiere die gleiche Summe auf dem Markt, wenn ich die Produkte zu ihrem Wert verkaufe. Einfach über dem Wert zu verkaufen, wäre natürlich schön, lässt die Konkurrenz aber gewöhnlich nicht zu. Und wenn alle z.B. 10% über Wert verkaufen, ist auch nichts gewonnen, das Geld ist schlicht weniger Wert. Wie man sich dreht und wendet, die Differenz zwischen dem Wert der Ware Arbeitskraft und dem über ihre Anwendung angeeigneten Wert ist der Schlüssel zum Glück. »Was dem Geldbesitzer auf dem Warenmarkt direkt gegenübertritt, ist in der Tat nicht die Arbeit, sondern der Arbeiter.

Was letzterer verkauft, ist seine Arbeitskraft. Sobald seine Arbeit wirklich beginnt, hat sie bereits aufgehört, ihm zu gehören, kann also nicht mehr von ihm verkauft werden.«[80] Und nichts ist leichter, als den Kauf der *Arbeitskraft* einfach Bezahlung der *Arbeit* zu nennen. »Die Form des Arbeitslohns löscht also jede Spur der Teilung des Arbeitstags in notwendige Arbeit und Mehrarbeit, in bezahlte und unbezahlte Arbeit aus. Alle Arbeit erscheint als bezahlte Arbeit.«[81]

Die Arbeitskräfte konkurrieren auf dem Arbeitsmarkt um den Verkauf ihres Arbeitsvermögens. Der marktwirtschaftliche Wert ihrer Arbeitskraft bestimmt sich über die zu ihrer Wiederherstellung »notwendigen« Lebensmittel. Warum soll ich als Arbeitgeber mehr bezahlen als diesen Wert? Warum soll ich das Produkt ihrer Arbeit bezahlen statt des niedrigeren Werts ihrer Arbeitskraft? Die Arbeitgeber sind doch nicht blöd. Dabei muss der Arbeitgeber selbst noch nicht einmal wissen, dass der Arbeitslohn »ein bestimmtes Quantum unbezahlter Arbeit einschließt und ebendiese unbezahlte Arbeit die normale Quelle seines Gewinns ist. Die Kategorie der Mehrarbeitszeit existiert überhaupt nicht für ihn, denn sie ist eingeschlossen im normalen Arbeitstag, den er im Taglohn zu zahlen glaubt.«[82] Die Möglichkeit, auf dem Arbeitsmarkt Arbeitskräfte einzukaufen, sie für sich arbeiten zu lassen und das Produkt ihrer Arbeit mit Gewinn zu verkaufen, reicht völlig aus. Da ist es doch egal, ob man die *Arbeitskraft* oder die *Arbeit* bezahlt hat. Wen interessiert denn das überhaupt?

---

[80] Karl Marx, Das Kapital, Bd. 1, S. 559
[81] Karl Marx, Das Kapital, Bd. 1, S. 562
[82] Karl Marx, Das Kapital, Bd. 1, S. 572

Während bei der Sklavenarbeit oder dem Frondienst des Leibeigenen die unbezahlte Arbeit offen lag, ist über das Geldverhältnis das Umsonstarbeiten des Lohn- bzw. Gehaltsempfängers verborgen. Mit 2000, 3000 oder 4000 € Monatsgehalt ist alles abgegolten. Ob das Gehalt dann auf Basis eines festgesetzten »Normalakkords« pro Stück umgerechnet wird oder auf eine 35-, 40- oder 45-Stundenwoche verteilt wird, ist einfache Mathematik. Die Höhe der Bezahlung regelt auf der Grundlage des Wertgesetzes der Markt über Angebot und Nachfrage. Wie viel produziert wird und wie hoch der Gewinn pro Stück, wie hoch also die Wertschöpfung der Arbeit ist, wäre bei der Gehaltsverhandlung im Vorstellungsgespräch sicherlich die falsche Frage. Der feine Unterschied, ob die Arbeit oder die Arbeitskraft bezahlt wird, ist gar kein Thema, obwohl die ständigen Forderungen der Arbeitgeber nach einer Verlängerung des Arbeitstages ohne Lohnausgleich oder die Bemühungen, mit Produktionsverlagerungen in Billiglohnländer das Verhältnis von Aufwand und Gewinn zu verbessern, eine eindeutige Antwort geben, für die, die es wissen wollen.

Oberflächlich betrachtet geht es in der Marktwirtschaft daher um die Gelegenheit, mit Überstunden noch etwas dazu zu verdienen oder im persönlichen Interesse seine Arbeitskraft möglichst intensiv anzuspannen, um über den Stücklohn etwas mehr Geld nach Hause zu bringen. Der Arbeitgeber sieht die Verlängerung des Arbeitstages und die Erhöhung des Normalgrades der Arbeitsintensität natürlich gerne. Zu seinem eigenen Vorteil oder aus Gründen der erforderlichen Wettbewerbsfähigkeit kann er sich durch dieses Zusammenspiel eventuell sogar überflüssiger Arbeitskräfte entledigen.

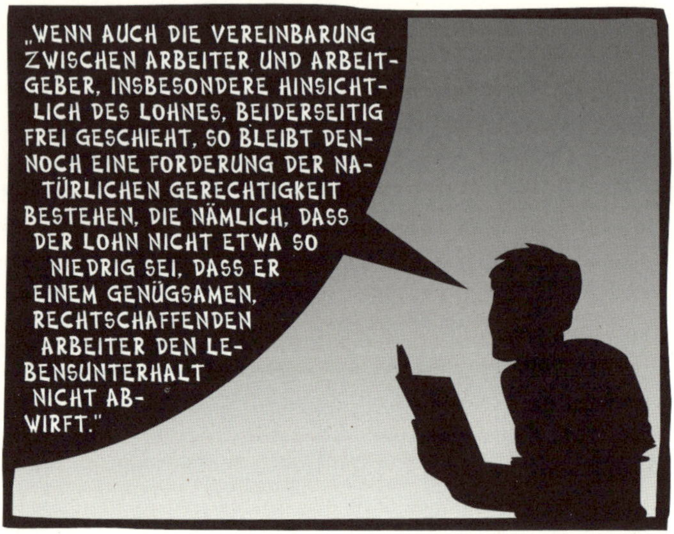

Das Glück des Arbeitgebers, mit der Arbeitskraft eine Ware gefunden zu haben, die selbst wertschaffend ist, deren Benutzung also die Möglichkeit eröffnet, mehr Wert zu schaffen, als die Arbeitskraft gekostet hat, ist durchaus kein Unrecht gegen den Verkäufer. Auf der Grundlage der marktwirtschaftlichen Wirtschaftsordnung wäre es ungerecht, wenn der Arbeitgeber gezwungen würde, die Ware über ihrem Marktwert zu kaufen. Dann, wenn mir die notwendigen Konsequenzen der marktwirtschaftlichen Steuerung auf Arbeitslohn und Arbeitsbedingungen nicht gefallen, Gerechtigkeit zu fordern, heißt im Klartext, sich nicht dafür zu interessieren wie Marktwirtschaft funktioniert und was ein Arbeitslohn ist. Es ist ungefähr so, als würde ich mir Regen wünschen und es als ungerecht empfinden, dass ich dabei nass werde. Oder Sonne ohne Sonnenbrand. Oder Marktwirtschaft ohne Konjunkturkrisen.

3 Wirtschaftskrise: Kein Untergang des Wirtschaftssystems, sondern Neuanfang auf Kosten der abhängig Beschäftigten

Wirtschaftskrisen gelten als ein ganz normales Phänomen in der Marktwirtschaft. Sie werden auch Konjunkturkrisen genannt, da sie mehr oder weniger regelmäßig in unterschiedlich starker Form auftreten. Nach verbreiteter volkswirtschaftlicher Lehrmeinung handelt es sich schlicht um Schwankungen im Auslastungsgrad des Produktionspotentials einer Volkswirtschaft. Keiner findet das gut, aber richtig störend in dem Sinne, dass man darüber das Wirtschaftssystem in Frage stellt, findet dies auch keiner, und das, obwohl die Folgen der Wirtschaftskrise für den Großteil der Bevölkerung alles andere als angenehm sind.

»Als Wirtschaftskrise bezeichnet man in der Volkswirtschaftslehre die Phase einer deutlich negativen Entwicklung des Wirtschaftswachstums. … Die von einer Wirtschaftskrise betroffenen Volkswirtschaften leiden … zumeist an sozialen Folgen wie Arbeitslosigkeit, Verarmung breiter Gesellschaftsschichten oder sozialen Unruhen. … Typische negative Folgen von Wirtschaftskrisen sind eine Zunahme sozialer Spannungen …, da oft insbesondere ärmere Bevölkerungsschichten unter den Folgen der Krise leiden. Bei manchen Wirtschaftskrisen kommt es zu Unruhen bis hin zu Bürgerkriegen und anderen kriegerischen Konflikten.«[83]

Am bekanntesten wurde die Weltwirtschaftskrise, die 1929 alle wichtigen Industrienationen erfasste und zu einer Massenver-

[83] de.wikipedia.org/wiki/Wirtschaftskrise

elendung breiter Bevölkerungsschichten führte. In Deutschland erreichte die Krise 1932 mit einer Arbeitslosigkeit von 16% (offiziell 6,1 Millionen Arbeitslose) ihren Höhepunkt. Nach weiteren »Schwankungen im Auslastungsgrad des Produktionspotentials« in 1973 und 1979 – auch erste und zweite Ölkrise genannt – stieg die so genannte Sockelarbeitslosigkeit in Europa auf 5 bis 10 Prozent der erwerbsfähigen Bevölkerung. 1991 gab es die Japankrise, 1997 die Asienkrise und in 2002 konnte man im Fernsehen die Wirkungen der Argentinienkrise verfolgen. »Die sozialen Folgen waren verheerend: Am Höhepunkt der Krise (Mitte 2002) stieg die Armutsrate auf 57%, die Arbeitslosenrate erreichte 23%. … Großes Aufsehen in den Medien erlangten die Cartoneros, Menschen, die im Müll nach recycelbaren Materialien, meist Papier und Karton, suchten und diese dann verkauften.«[84]

»Hoffentlich passiert das uns nicht einmal«, ist die verbreitete Reaktion derer, die die unschöne Situation der anderen Menschen betroffen verfolgen, sich aber für die Gründe nicht interessieren. Dabei wären die Gründe durchaus einige Aufregung wert.

»Die Gründe für Wachstumskrisen sind vielfältig. Zum einen können sie ausgelöst werden durch eine volkswirtschaftliche Nachfrage, die im Verhältnis zum volkswirtschaftlichen Angebot zu gering ist. … Wachstumskrisen können auch von der Angebotsseite begründet werden: So kann der Abbau bestehender hoher Überkapazitäten (die so genannte Strukturkrise) zu oben beschriebener Unsicherheit und einem Rückgang der Gesamtnachfrage führen.«[85]

---

[84] de.wikipedia.org/wiki/Wirtschaftskrise
[85] de.wikipedia.org/wiki/Wirtschaftskrise

Komische Krise. Offensichtlich gibt es von allem zu viel. Das volkswirtschaftliche Angebot ist zu groß für die Nachfrage, es gibt nicht zu wenig Produktionspotential, sondern Überkapazitäten. Wo soll man hin mit all den nützlichen Sachen, die produziert wurden. Arbeitnehmer werden entlassen und damit ausser Lohn und Brot gesetzt, weil zuviel produziert wurde. Nützliche Gebrauchsgegenstände liegen auf Halde und funktionierende Produktionsstätten werden geschlossen wegen zu geringer Nachfrage bei gleichzeitiger Massenverelendung.

Die Marktwirtschaft als effizientes Steuerungssystem zur Versorgung der Menschen? Spätestens in der Krise wird augenfällig, dass es den Besitzern der Produktionsmittel nicht um die Produktion und Verteilung nützlicher Gebrauchsgegenstände geht. Diese sind lediglich Mittel zum Zweck. Der eigentliche Zweck ist die Vermehrung des eingesetzten Kapitals. Die Investitionen in Rohstoffe, Maschinen und Arbeitskräfte und der Verkauf der über ihre Anwendung produzierten Gebrauchswerte müssen nachhaltig einen Gewinn für den Investor abwerfen, sonst wird nicht produziert. Dieser einfache Grundsatz – es muss sich für den Besitzer der Produktionsmittel lohnen – ist das Kernelement, mit dem sich Marktwirtschaft von planmäßiger Gebrauchswertproduktion unterscheidet. Lediglich zusätzliche Lebensmittel zu produzieren, ist vom marktwirtschaftlichen Zweck der Vermehrung des eingesetzten Kapitals kein vernünftiger Grund zur Produktion. Für wie viele – über die Eigentumsverhältnisse von den Produktionsmitteln ausgeschlossene Menschen – diese Entscheidung das nackte Elend bedeutet, interessiert vom Standpunkt der Marktwirtschaft nicht. Nachfrage (d.h. menschliche Bedürfnisse), die nicht zahlungsfähig ist, existiert für diesen Zweck gar nicht. So gehen Massenverelendung und Schließung von vorhandenen Produktionsstätten zusammen.

Dabei gäbe es für den Zweck, Rohstoffe, Maschinen und Arbeitskraft einzusetzen, um nützliche Gebrauchsgegenstände zur Versorgung der Menschen zu produzieren, überhaupt keinen Grund zur Krise. Produktivitätssteigerungen könnten bei fehlender Nachfrage zu Arbeitszeitreduzierungen oder je nach Bedarf bei gleicher Arbeitszeit zur Steigerung der Gebrauchswertproduktion genutzt werden. Bei der Frage, ob sich Wirtschaftswachstum lohnt, wären selbstverständlich immer der Arbeitsaufwand und die Arbeitsbedingungen, das heißt die Gesundheit der arbeitenden Bevölkerung, ein Bestandteil der Entscheidung. Nullwachstum, der Albtraum jedes Unternehmers, wäre kein Grund zur Krise.

Wie kommt es demgegenüber zu dem marktwirtschaftlichen Phänomen der Wirtschaftskrise, in der Produktionsstätten geschlossen, Maschinen verschrottet und Arbeitnehmer entlassen werden, obwohl alle Produktionsbedingungen unverändert vorhanden sind? Warum lohnt es sich plötzlich für viele Unternehmen nicht mehr, zu produzieren?

3.1 Die Gründe für das »Phänomen« Wirtschaftskrise

Die Marktwirtschaft wird nicht darüber gesteuert, was die Menschen für ein angenehmes Leben brauchen, sondern darüber, ob sich für einen Privatunternehmer ein Geschäft machen lässt. Ist dies der Fall, versprechen Investitionen in Rohstoffe, Maschinen und Arbeitskräfte einen Überschuss über das investierte Kapital, dann ist der dynamische Unternehmer in seinem Element. Dann kann ihn nichts mehr bremsen. Dann muss alles ganz schnell gehen. Denn Zeit ist Geld, zumindest vom Standpunkt des Eigentümers der Produktionsmittel. Dann sind für den Arbeitgeber keine Arbeitsmühen zu groß. Der Anreiz, sich mittels des Arbeitseinsatzes anderer zu bereichern, versetzt bekanntlich Berge.

Gebrauchswerte werden in der Marktwirtschaft als Waren hergestellt, d.h., damit überhaupt produziert wird, muss es zahlungsfähige Käufer geben. Dies unterstellt, dass die Käufer selbst als Warenverkäufer auf dem Markt erfolgreich sind, was für die Mehrheit der Menschen bedeutet, dass sie über den Verkauf ihrer Arbeitskraft das nötige Geld verdienen müssen. Der erfolgreiche Verkauf der Arbeitskraft hängt in der Konkurrenz aber weniger von der eigenen Leistungsfähigkeit ab als davon, ob in genügend lohnende Geschäfte investiert wird und damit entsprechende Arbeitsplätze überhaupt angeboten werden.

Wenn genug zahlungsfähige Nachfrage für Produkte oder Dienstleistungen am Markt vorhanden ist, dann begrenzt lediglich der Umfang des vorhandenen Privatkapitals den Umfang der angestrebten Geschäftsausweitung. Kreditaufnahme bietet sich da als Problemlösung an. Die Möglichkeit, über Kredite den Kapitaleinsatz zu erweitern, befähigt die Arbeitgeber, zusätzliche Investitionen zwecks Geschäftsausweitung zu tätigen, obwohl der erfolgreiche Verkauf ihrer Waren und damit der erforderliche Rückfluss des investierten Geldes vielleicht noch gar nicht erfolgt ist. Der Kredit, der den Unternehmen gewährt wird, ist eine Spekulation seitens der Kreditgeber auf den zukünftigen Geschäftserfolg. Die Kreditgeber überzeugen sich von der Bonität des Kreditnehmers, also von seiner Geschäftsidee, seiner Organisation, diversen Kennzahlen von Vorschuss und Überschuss, und versuchen abzuschätzen, ob das Geschäft nachhaltig Erfolg haben kann, ob es also kreditwürdig ist. Wenn die Kreditgeber das Geschäft als kreditwürdig einschätzen, ist Kreditvergabe für sie selbst ein Geschäftsmittel. So beflügelt sich gegenseitig die Geschäftemacherei, scheinbar unabhängig davon, worum es im Warenhandel eigentlich geht: um die zahlungsfähige Nachfrage, um das Geld.

Ein lukratives Geschäftsfeld ist aber auch immer für konkurrierende Unternehmer interessant. Unabhängig voneinander werden so in Konkurrenz um die zahlungsfähige Nachfrage die gleichen Dinge produziert. In einer boomenden Marktwirtschaft gibt es daher alles doppelt und dreifach. Unzählige verschiedene Sorten Toilettenpapier, Waschmittel, Orangensäfte, viele verschiedene Hersteller von Digitalkameras, Fernsehern, Autos, Lebensmitteln, Waschmaschinen usw. Jeder investiert unabhängig von den Konkurrenten in eigene Maschinen und die Ausweitung seiner Produktionsstätten und versucht, soviel wie möglich von der zahlungsfähigen Nachfrage auf sich zu ziehen, um seinen privaten Gewinn entsprechend zu steigern.

In Konkurrenz zueinander müssen die Arbeitgeber jede Geschäftschance nutzen und beständig bemüht sein, die Kosten zu reduzieren, um im harten Wettbewerb um die zahlungsfähige

Nachfrage zu bestehen. Neben dem Aufwand für Rohstoffe und Maschinen geht es bei den Kostensenkungsbemühungen natürlich auch immer um den menschlichen Kostenfaktor. Die Lohnkosten sind gewöhnlich zu hoch. »Das können wir (!) uns in Hinblick auf unsere (!) Wettbewerbsfähigkeit nicht leisten,« ist die bekannte Klage der Arbeitgeber. Die marktwirtschaftlich notwendigen Maßnahmen zur Steigerung der Wettbewerbsfähigkeit tragen damit einen Widerspruch in sich. Die Reduzierung der Lohn- und Gehaltskosten, sei es über direkte Entlassung von verdienten, aber nicht mehr benötigten Mitarbeitern, sei es über die Kürzung von Gehaltsbestandteilen, reduziert nämlich gesamtwirtschaftlich zugleich einen Teil der zahlungsfähigen Nachfrage, um die die einzelnen Unternehmen konkurrieren.

Ob die konkurrierenden Unternehmen sich mit ihren erforderlichen Rationalisierungsbemühungen letztlich selbst die notwendige zahlungsfähige Nachfrage abgraben oder ob sie lediglich parallel zueinander die Produktionskapazitäten mit Hilfe des Kredits über die vorhandene zahlungsfähige Nachfrage ausdehnen oder beides, ist letztlich nicht entscheidend. Die von allen im eigenen Geschäftsinteresse unabhängig voneinander vorangetriebene Ausweitung des Geschäfts stößt irgendwann zwangsläufig an die Grenzen der zahlungsfähigen Nachfrage.

Plötzlich sind dann all die schönen Dinge nicht mehr soviel wert. Statt Kredit will jeder Geld sehen. Der Lieferant bekommt seine Rechnung nicht mehr bezahlt und kann daraufhin vielleicht selbst seine Rechnungen nicht mehr bezahlen. Der Überbrückungskredit wird aufgrund fehlender Kreditwürdigkeit nicht mehr gewährt. Die schönen Vorräte, die gestern noch werthaltig bilanziert wurden, müssen wertberichtigt werden, die eigenen Forderungen ebenso. Das Vertrauen in den Geschäftserfolg von morgen ist gestört. Entlassungen stehen an und Konkurse. Die Arbeitslosigkeit steigt. Die erfolgreichen, selbstbewussten Verkäufer der Ware Arbeitskraft müssen einsehen, dass nicht ihre persönliche Leistungsfähigkeit, sondern die Geschäftskalkulation ihrer Arbeitgeber das Entscheidende ist. Zahlungsfähige Bedürfnisse verkommen so zu bloßen Bedürfnissen, die in der Marktwirtschaft keinen interessieren. Je nach Umfang der Entwertung in der Krise berichten die Medien vielleicht über die Cartoneros, Menschen, die im Müll nach recycelbaren Materialien, meist Papier und Karton, suchen und diese dann verkaufen. Daneben stehen die funktionsfähigen Fabriken und Maschinen und die arbeitslosen Menschen, die arbeiten würden, aber von den Besitzern der Produktionsmittel nicht gebraucht werden, weil sich für *sie* zurzeit der Einsatz der Arbeitskräfte nicht lohnt.

Die Krise ist nicht das Ende der Marktwirtschaft, sondern lediglich die Entwertung des Kapitalteils, der sich am Markt als nicht mehr verwertbar herausgestellt hat. Parallel zur Krise und danach geht alles seinen gewohnten marktwirtschaftlichen Gang: Es werden Lebensmittel als Waren produziert und verkaufsfördernd mit den entsprechenden Zutaten versehen, die Schaufenster sind prall gefüllt mit Waren aller Art – was nicht heißt, dass man sie auch bezahlen kann –, es gibt Entlassungen, Arbeitslosigkeit, Altersarmut, Straßenkinder, Lebensmittelskandale, Umweltskandale, Exporterfolge, Wirtschaftswachstum, effiziente Arbeitsplätze, Wunder der Technik, Patentstreitigkeiten und selbstverständlich sehr viele Chancen. Für die Besitzer der Produktionsmittel ist die Wirtschaftskrise eine ärgerliche Unterbrechung ihrer Geschäftsaktivitäten, für den Staat ein unangenehmer Steuerausfall und für die Verkäufer der Ware Arbeitskraft vielleicht eine Frage der Existenz.

3.2 Krisenvermeidung als Ideal der Wirtschaftspolitik

Die regelmäßigen marktwirtschaftlichen Konjunkturzyklen mit ihren »Schwankungen im Auslastungsgrad des Produktionspotentials der Volkswirtschaft« versuchen die Staaten mit diversen wirtschaftspolitischen Instrumenten möglichst zu verhindern oder zumindest in ihrer Wirkung zu entschärfen. Neben dem Wirtschaftswachstum werden als gleichrangige offizielle Ziele der Wirtschaftspolitik Geldwertstabilität und Vollbeschäftigung genannt. Da alle drei Ziele des so genannten magischen Dreiecks regelmäßig verfehlt werden, stellt sich die Frage, ob es sich hier wirklich um Zwecke der Wirtschaftspolitik handelt oder lediglich um wohlklingende Ideale?[86]

Beispiel Geldwertstabilität

Geldentwertung, auch Inflation genannt, ist für Unternehmen zunächst kein ernsthaftes Problem, schließlich sind sie es, die die höheren Preise für ihre Waren verlangen. Kommt es zu verstärkter Geldentwertung, zu einer so genannten »galoppierenden Inflation« oder »Hyperinflation«, in der die Unternehmen nahezu täglich die Preise nach oben anpassen müssen, um ihre entsprechend gestiegenen Kosten zumindest weiterzugeben, dann verhindert dies zwar auch noch nicht das Geschäft, es wird aber aufwendiger, die permanente Neubewertung umzusetzen. Verglichen mit den in der Konkurrenz erfolgreicheren Ländern, in denen der Geldwert stabiler ist, müssen sie in ihrer Währung mit einem Standortnachteil fertig werden. Den Staat stört dieser

[86] Bei einem Ideal ist es nett, wenn es sich auch verwirklichen lässt, aber wenn es sich bei der Verfolgung des eigentlichen Zweckes doch nicht einstellt, ist es auch kein Grund, von diesem Zweck zu lassen.

Standortnachteil seiner Wirtschaft ebenso. Der permanenten Entwertung seiner Staatseinnahmen begegnet er mit Neuverschuldung oder schlichtem Gelddrucken, soweit er sich nicht mit seinen Steuereinnahmen an der inflationären Einkommensentwicklung schadlos halten kann. Für die Arbeitnehmer bedeutet Geldentwertung die Reduzierung ihres Lebensunterhalts. Sie können zwar Gehaltserhöhungen fordern, ob sie sie durchsetzen können, ist eine andere Frage.

Warum gibt es Marktwirtschaft nicht ohne Geldentwertung? Was ist eigentlich Inflation?

Geld misst als allgemeines Wertäquivalent den Wert der Waren, das heißt die gesellschaftlich durchschnittliche Arbeitszeit, die deren Herstellung erfordert. Niemand kennt den Wert, die gesellschaftlich durchschnittliche Arbeitszeit einer Ware, sondern jeder versucht, soviel wie der Markt hergibt, für seine Ware zu nehmen. Wenn die Nachfrage durch vermehrten Geldzufluss steigt, erhöht dies den Spielraum für alle Marktteilnehmer, die Preise ihrer Waren zu erhöhen. Da jeder letztlich in Konkurrenz zu den anderen Marktteilnehmern steht, reguliert der Markt, d.h. der kontinuierliche Preisvergleich der Kunden, den durchschnittlichen Preis auf den Wert der Waren. Bei gleichem Arbeitsaufwand, also unverändertem Wert der Ware, bewirkt zusätzlich in die Zirkulation eingebrachtes Geld über diesen marktwirtschaftlichen Prozess eine Entwertung des allgemeinen Wertäquivalentes, eine Geldentwertung. Verdoppelt man bei unveränderten Warenwerten die Geldmenge, drückt sich der Wert der Waren schlicht in einem doppelt so hohen Preis aus.[87]

---

[87] Die vorherrschende Volkswirtschaftslehre erklärt Inflation nicht, da sie jegliche Form der Preissteigerung dem »Phänomen« Geldentwertung zuschreibt. Steigt der Preis einer Ware, weil ihr Wert steigt – z.B. weil, aus welchen Gründen auch immer, der gesellschaftlich durchschnittliche Arbeitsaufwand sich erhöht –, ist dies begrifflich von Geldentwertung zu unterscheiden, bei der sich

Da der Staat sich in Konkurrenz zu anderen Staaten bei seiner Standortpflege nicht auf seine Steuermittel beschränken will, bringt er über die Staatsverschuldung ständig zusätzliches Geld in den Wirtschaftskreislauf. Ähnlich die Unternehmen, die über den Kredithebel ihr Geschäft ausweiten und die Geschäftschancen schneller als ihre Konkurrenten nutzen wollen. Im Unterschied zu den kreditierten Staatsausgaben, die als reiner Konsum zusätzlich Güter und Dienstleistungen nachfragen und hierüber direkt preistreibend wirken, tritt der Unternehmenskredit als Kapital in den Wirtschaftskreislauf. Die mit den Krediten finanzierten Investitionen führen daher nicht nur zusätzliches Geld in die Zirkulation ein, sondern dienen zugleich der Produktion von zusätzlichen Werten. Die Ausdehnung der Produktionskapazitäten wird jedoch von den gegeneinander konkurrierenden Unternehmen mit Hilfe der Verschuldung regelmäßig ohne Rücksicht auf die zahlungsfähige Nachfrage vorangetrieben. Es werden also Waren produziert, die sich gemessen am vorhandenen Geld gar nicht verkaufen lassen, die vom Geldstandpunkt aus wertlos sind. Der marktwirtschaftliche Wachstumsprozess führt daher im Aufschwung mehr Geld in die Zirkulation ein, als er an Warenwerten erzeugt, und wirkt hierüber ebenfalls preistreibend. Wenn das Vertrauen in die Verwertbarkeit der als Waren produzierten Dinge gestört wird, wenn somit die Kreditblase platzt, wird in der Krise das über den Kredit zusätzlich in Umlauf gebrachte Kapital entwertet. Inflation ist daher für den Staat wie für die Unternehmen eine lästige Begleiterscheinung der Marktwirtschaft, aber kein Grund, auf den Kredithebel zur Förderung der Geschäftstätigkeit zu verzichten. Letztlich geht die Wettbewerbsfähigkeit vor und die arbeitende Bevölkerung muss einfach damit zurechtkommen.

---

bei gleichem Arbeitsaufwand, also unverändertem Wert der Ware, der Maßstab entwertet.

Beispiel Vollbeschäftigung

Arbeitslosigkeit bedeutet in der Marktwirtschaft für jeden, der nicht über Eigentum an Produktionsmitteln verfügt und daher von der Arbeit anderer leben kann, die vollständige Mittellosigkeit, eine existentielle Bedrohung und damit das Angewiesensein auf staatliche Unterstützung. Der Staat registriert Arbeitslosigkeit breiter Teile seiner Bevölkerung als Einkommensteuerausfall, Ausfall von Sozialversicherungsbeiträgen, zusätzliche Kosten für eventuell erforderliche Unterstützungsprogramme und als Indiz für die unzureichende Wettbewerbsfähigkeit seiner Wirtschaft.

Für die Unternehmen ist Vollbeschäftigung eine nachteilige Bedingung bei der Rekrutierung von Personal auf dem Arbeitsmarkt. Es können höhere Gehälter gefordert werden und die eine oder andere Stelle lässt sich nur schwer besetzen. Arbeitslosigkeit erzeugt demgegenüber stärkere Konkurrenz zwischen den Arbeitnehmern um die lebensnotwendigen Arbeitsplätze, unterstützt darüber die Reduzierung der Gehaltsforderungen auf ein geschäftstauglicheres Niveau und fördert die Bereitschaft, auch unangenehme Arbeitsbedingungen zu akzeptieren. Das ist keine Verantwortungslosigkeit oder Missachtung gegenüber den betroffenen Menschen. Die Marktwirtschaft als effizientes Steuerungssystem gibt die Regeln vor. Wer als Unternehmer in der Konkurrenz nicht so handelt, ist bald selbst mittelloser Arbeitnehmer. Die Besitzer der Produktionsmittel schaffen Arbeitsplätze, wenn sich für sie aus der Differenz zwischen den eingesetzten Kosten und dem Verkaufserlös der durch die Anwendung der Arbeitskräfte produzierten Waren ein Überschuss erzielen lässt. Wenn es sich nicht für den Unternehmer lohnt oder wenn der Überschuss sich durch Produktivitätssteigerungen auch mit weniger Arbeitskräften erzielen lässt, streichen sie Arbeitsplätze.

Wenn die Wirtschaft wächst, wenn sich erfolgversprechende Geschäfte abzeichnen, dann werden Überstunden angesetzt und zusätzliche Arbeitsschichten organisiert, dann wird zur Produktivitätssteigerung in Werkzeuge, Maschinen, EDV, Zentralläger oder neue Produktionsstätten investiert und es können in der Tat auch neue Arbeitsplätze geschaffen werden. Der Tatsache, dass mit dem Wirtschaftswachstum zusätzliche Arbeitskräfte benötigt werden, stehen in der Marktwirtschaft jedoch zwei gegenläufige Tendenzen entgegen. Zum einen führt die zwecks Kostensenkung im Aufschwung wie in der Krise ständig vorangetrieben Steigerung der Produktivität zu einem permanenten Arbeitsplatzabbau. Zum anderen kommt es über den Konkurrenzkampf zu einer zunehmenden Zentralisation der Geschäftstätigkeit. Kleinere Unternehmen werden zur Aufgabe gezwungen und von größeren erfolgreichen Unternehmen übernommen, die wiederum nun vieles effizienter machen können, was nichts anderes bedeutet, als dass sie für mehr Geschäft weniger Arbeitskräfte benötigen.

»Mit der durch sie selbst produzierten Akkumulation des Kapitals produziert die Arbeiterbevölkerung also in wachsendem Umfang die Mittel ihrer eignen relativen Überzähligmachung. ... Die Überarbeit des beschäftigten Teils der Arbeiterklasse schwellt die Reihen ihrer Reserve, während umgekehrt der vermehrte Druck, den die letztere durch ihre Konkurrenz auf die erstere ausübt, diese zur Überarbeit und Unterwerfung unter die Diktate des Kapitals zwingt. Die Verdammung eines Teils der Arbeiterklasse zu erzwungenem Müßiggang durch Überarbeit des andren Teils und umgekehrt, wird Bereicherungsmittel des einzelnen Kapitalisten und beschleunigt zugleich die Produktion der industriellen Reservearmee auf einem dem Fortschritt der gesellschaftlichen Akkumulation entsprechenden Maßstab.«[88] Die zunehmende, über das marktwirtschaftliche Geschäftsinteresse erzeugte Arbeitslosigkeit »bildet eine disponible industrielle Reservearmee, die dem Kapital ganz so absolut gehört, als ob es sie auf seine eignen Kosten großgezüchtet hätte. Sie schafft für seine wechselnden Verwertungsbedürfnisse das stets bereite Menschenmaterial, unabhängig von den Schranken der wirklichen Bevölkerungszunahme.«[89]

[88] Karl Marx, Das Kapital, Bd. 1, S. 660 ff
[89] Karl Marx, Das Kapital, Bd. 1, S. 660 ff

Der vom marktwirtschaftlichen Geschäftsstandpunkt überflüssige Teil der Bevölkerung schwankt in seinem Umfang mit den Konjunkturzyklen, bildet aber aufgrund fortschreitender Konzentration und Produktivitätskraftentwicklung auch in den erfolgreichen Industriestaaten inzwischen eine »Sockelarbeitslosigkeit« von 5 bis 10 Prozent. In den weniger erfolgreichen Marktwirtschaften sind oft mehr als 50 Prozent der Bevölkerung vom offiziellen Arbeitsmarkt ausgeschlossen.

Die industrielle Reservearmee existiert in allen möglichen Schattierungen, die sich in drei wesentliche Formen zusammenfassen lassen:

1) Die so genannten Kurzzeitarbeitslosen, die gemäß dem aktuellen Bedarf der Unternehmen qualifiziert und flexibel einsetzbar sind.

2) Die so genannten Langzeitarbeitslosen, deren Qualifikation oder altersbedingte Einsetzbarkeit auf dem Arbeitsmarkt nicht mehr attraktiv genug ist. Ihre Lebenslage sinkt unter das durchschnittliche Normalniveau der arbeitenden Klasse.

3) »Der tiefste Niederschlag der relativen Übervölkerung endlich behaust die Sphäre des Pauperismus. ... Verkommene, Verlumpte, Arbeitsunfähige..., solche, die über das Normalalter eines Arbeiters hinausleben, endlich die Opfer der Industrie, ... Verstümmelte, Verkrankte, Witwen etc. Der Pauperismus bildet das Invalidenhaus der aktiven Arbeiterarmee und das tote Gewicht der industriellen Reservearmee.«[90]

---

[90] Karl Marx, Das Kapital, Bd. 1, S. 673

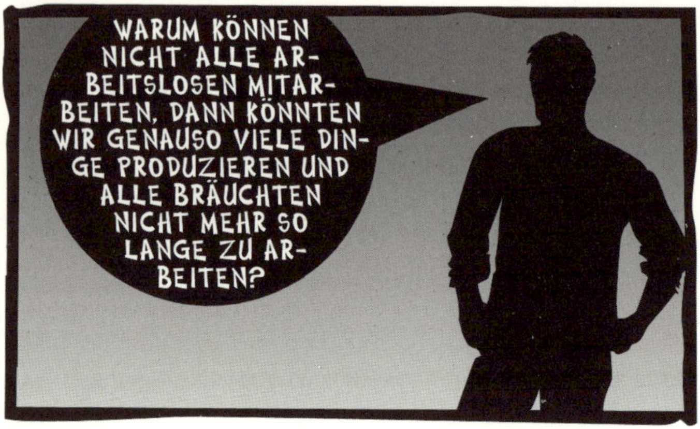

Arbeitslosigkeit als ernsthaftes Problem gibt es nur in der Marktwirtschaft, wo aufgrund des Privateigentums an Produktionsmitteln die arbeitende Bevölkerung von den von ihr produzierten Reichtümern ausgeschlossen ist und in ihrer Mittellosigkeit darauf angewiesen ist, dass ihr ein Besitzer von Produktionsmitteln einen Arbeitsplatz anbietet. Selbstverständlich könnte man die Wirtschaft auch zum Zwecke der Versorgung der Bevölkerung organisieren. Vom Standpunkt des lohnenden Geschäfts aus und des Imperativs, den Reichtum der Nation voranzutreiben, wäre dies allerdings äußerst ineffizient.

Beispiel Wirtschaftswachstum

Die marktwirtschaftliche Ordnung gilt unter den erfolgreichen Staaten zu Recht als das effizienteste Steuerungssystem für den Zweck, den »Wohlstand der Nation« zu steigern. Wenn der »Wohlstand der Nation« in Geld, gemessen wird, dann kann auf die konkrete Arbeitsbelastung der arbeitenden Bevölkerung bzw. auf das Verhältnis von Arbeitsaufwand zu den darüber für den Einzelnen zur Verfügung stehenden Gebrauchsgegenständen keine Rücksicht genommen werden. »Wohlstand der Nation« wird marktwirtschaftlich nicht an der Versorgung der Bevölkerung gemessen, sondern im Bruttosozialprodukt. Einem abstrakten Geldmaßstab, der so unterschiedliche Sachverhalte wie die Unternehmensgewinne, die Einkünfte der Milliardäre und die Einkommen der so genannten »working poor« addiert und als allen zur Verfügung stehenden Wohlstand ausweist.

In der weltweit marktwirtschaftlich organisierten Staatenwelt konkurrieren die einzelnen Staaten gegeneinander um Standortvorteile für die in ihrem Hoheitsbereich tätigen Unternehmen und damit um die finanziellen Mittel, über die der Nationalstaat in der Konkurrenz zu den anderen Nationen verfügt. Mit dem Wachstum ihrer Wirtschaft sind die staatlichen Vertreter der marktwirtschaftlich organisierten Nation daher nie richtig zufrieden. Die Besitzer der Produktionsmittel selbstverständlich auch nicht. Es ist ja in erster Linie ihr Privateigentum, das sich mit dem Wachstum der Wirtschaft vermehrt. Die abhängig Beschäftigten, die durch den Verkauf ihrer Arbeitskraft der Privatwirtschaft zum Wachstum verhelfen, sind in ihrer Mittellosigkeit dem »Sachzwang« unterworfen, dass mehr Wachstum die Chancen auf einen Arbeitsplatz und damit ein Einkommen verbessert. Natürlich wäre es den Politikern, den Arbeitgebern und allen anderen Anhängern der Marktwirtschaft recht, wenn Wirtschaftswachstum sich auch ohne Geldentwertung und mit Vollbeschäftigung verwirklichen ließe. Wenn sich *wegen* der Förderung des Wirtschaftswachstums aber Geldwertstabilität und Vollbeschäftigung nicht einstellen, ist dies für alle Befürworter der marktwirtschaftlichen Wirtschaftssteuerung kein Grund, von diesem Zweck zu lassen. Marktwirtschaftlich betrachtet ist daher Wirtschaftswachstum das eine oder andere Opfer durchaus wert.

Seite 8 / Süddeutsche Zeitung Nr. 239
15. Oktober 2005
Ausland
TÄGLICH 100.000 HUNGERTOTE
Blantyre (dpa/AFP) – Die Regierung des ostafrikanischen Staates Malawi hat am Wochenende wegen akuter Lebensmittelknappheit den Notstand ausgerufen. Über den Rundfunk wurde die internationale Gemeinschaft um Hilfe für fünf Millionen hungernde Menschen gebeten. Zum Welternährungstag am Sonntag teilten die Vereinten Nationen in Genf mit, mehr als 850 Millionen Menschen hätten im vergangenen Jahr an Unterernährung gelitten. Täglich verhungerten auf der Welt etwa hunderttausend Menschen.
WO LIEGT MALA-WI?
KEINE AHNUNG ...

4 Betroffenheit oder Kritik

»Nach einer Studie der Ernährungs- und Landwirtschaftsorganisation der Vereinten Nationen (FAO) erwirtschafteten die Landwirte im Jahr 2002 weltweit durchschnittlich 2800 Kalorien pro Person – genug, um theoretisch jedem Menschen auf der Erde ein Leben ohne Hunger zu ermöglichen.« In 2005 sieht es jedoch weiterhin düster aus: Weltweit müssen noch immer 1,2 Milliarden Menschen mit weniger als einem Dollar pro Tag überleben. Geht der Trend so weiter, dann sind im Jahr 2015 fast 400 Millionen Menschen mehr vom Hunger bedroht, als das Millenniumsziel vorschreibt, so das Fazit des UN-Entwicklungsberichtes in 2005.[91]

Offensichtlich reichen Betroffenheit sowie die hieraus formulierten ehrenwerten Absichten und Ideale nicht aus, um die Gründe für Hunger und zunehmende Verelendung zu beseitigen. Kein Wunder, da bei Gefühlen wie Betroffenheit, Ärger oder Mitleid die Auseinandersetzung mit den Gründen gar keine Rolle spielt. Über Betroffenheit sollen die Menschen aufgerüttelt werden, aber wozu, ist weniger wichtig. Richtig oder falsch in der Analyse der Gründe und eine daraus abgeleitete Kritik der vorherrschenden Zwecke, die einer Veränderung der Verhältnisse offensichtlich im Wege stehen, sind bei Betroffenheit nicht Thema. Die Frage, ob nicht der weltweit gesellschaftspolitisch durchgesetzte Zweck – den Wohlstand der Nation in Konkurrenz zu anderen Nationen über die Bereicherung der Besitzer von Produktionsmitteln zu organisieren – Armut und Verelendung eines Großteils der Weltbevölkerung zur notwendigen Folge hat, ist für Betroffenheit nicht relevant. Das persön-

[91] http://www.tagesschau.de/aktuell/meldungen/0,1185,OID4745170_TYP6_THE_NAV_REF1_BAB,00.html

liche Gefühl, dem Elend gegenüber nicht gleichgültig zu sein, und die schöne Vorstellung, Marktwirtschaft wäre auch ohne die täglich sichtbaren Folgen zu haben, reichen völlig aus, um sich nicht jedes Jahr aufs Neue in aller Betroffenheit blöd vorzukommen. So zum Beispiel am 22. März eines jeden Jahres, der seit 1992 in einer Resolution der Vereinten Nationen zum »Tag des Wassers« erklärt wurde.

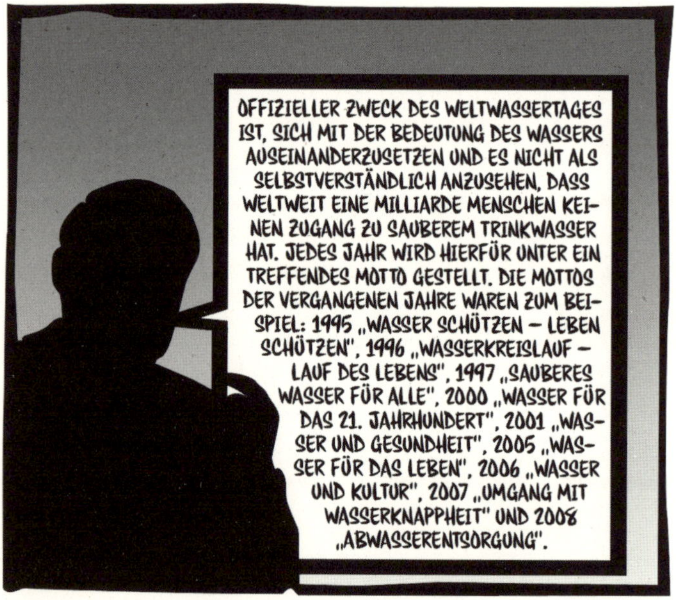

NACHDEM ES NUN SEIT 14 JAHREN NICHT ALS SELBSTVERSTÄNDLICH ANGESEHEN WIRD, DASS TÄGLICH TAUSENDE INFOLGE SCHLECHTER WASSERVERSORGUNG STERBEN, IST GEMÄß DEM „GLOBAL WATER SUPPLY AND SANITATION ASSESSMENT REPORT" DER WELTGESUNDHEITSORGANISATION UND UNICEF DIE SITUATION UNVERÄNDERT SCHLECHT.
WAS HALTET IHR FÜR 2009 VON DEM MOTTO: „WASSER STATT MARKTWIRTSCHAFT"?

4.1 Kritik im Namen der sozialen Marktwirtschaft

»Richtig ist, dass das Grundprinzip des Staates die Verfolgung der Gerechtigkeit sein muss und dass es das Ziel einer gerechten Gesellschaftsordnung bildet, unter Berücksichtigung des Subsidiaritätsprinzips jedem seinen Anteil an den Gütern der Gemeinschaft zu gewährleisten. Das ist auch von der christlichen Staats- und Soziallehre immer betont worden. … Nicht den alles regelnden und beherrschenden Staat brauchen wir, sondern den Staat, der entsprechend dem Subsidiaritätsprinzip großzügig die Initiativen anerkennt und unterstützt, die aus den verschiedenen gesellschaftlichen Kräften aufsteigen…Die gerechte Ordnung der Gesellschaft und des Staates ist zentraler Auftrag der Politik. Ein Staat, der nicht durch Gerechtigkeit definiert wäre, wäre nur eine große Räuberbande...«[92]

»Das liberale Subsidiaritätsprinzip geht davon aus, dass die Sicherung und Gestaltung der eigenen Existenz vornehmlich dem einzelnen Individuum selbst und seiner Initiative überlassen bleiben sollte. Staatliches Handeln soll auf Ausnahmesituationen beschränkt sein und nur dann eintreten, wenn die eigenen Mittel der betroffenen Person(en) nicht ausreichen. In dieser Gesellschaftskonzeption wird die Verantwortlichkeit des Staates als nachrangig, subsidiär angesehen.«[93] Alle Menschen sollen in der Marktwirtschaft die Freiheit haben, eigenverantwortlich und auf eigene Initiative gegeneinander zu konkurrieren, unabhängig davon, ob sie über Produktionsmittel verfügen oder lediglich ihre eigene Arbeitskraft besitzen. Wenn in »Ausnahmefällen« die Mittel für die betroffenen Personen nicht ausreichen, soll der Sozialstaat sichernd eingreifen: zum Beispiel bei

---

[92] Papst Benedikt XVI., Enzyklika Deus Caritas Est, 26ff
[93] http://de.wikipedia.org

den 5 Millionen Arbeitslosen in Deutschland, den 38 Millionen, die in den USA unter die Armutsgrenze fallen, bei der 1 Milliarde Menschen, die weltweit ohne sauberes Wasser leben, und bei den 100.000 Menschen, die täglich verhungern.

»Ein Staat, der nicht durch Gerechtigkeit definiert wäre, wäre nur eine große Räuberbande.« Dies kann man den marktwirtschaftlich organisierten Staaten zu Recht nicht vorwerfen. Es passieren viele unschöne Dinge, aber gerecht geht es zu unter dem Subsidiaritätsprinzip. Die Unternehmer können ungehindert ihren Geschäftsinteressen nachgehen und im Hinblick auf ihren privaten Vorteil verantwortungsvoll Initiative zeigen. Die Arbeitnehmer haben alle die gleiche Chance, vom Tellerwäscher zum Milliardär zu mutieren. Die Arbeitslosen und die so genannten working poor bekommen staatliche Unterstützung, solange absehbar ist, dass sie vielleicht noch einmal gebraucht werden. Und dem Viertel der Menschheit, das für marktwirtschaftliche Verwertungsinteressen uninteressant ist, noch Geld hinterher zu werfen, wäre ungerecht denen gegenüber, die es mit redlicher marktwirtschaftlicher Arbeit erwirtschaftet haben.
Wenn das Grundprinzip der Marktwirtschaft – alle sollen mit den ihnen zur Verfügung stehenden Mitteln ihren privaten Vorteil verfolgen – kritiklos akzeptiert ist, dann gibt es an den notwendigen Folgen nichts mehr auszusetzen. Das Wirtschaftssystem hat seine immanenten Regeln, die für alle uneingeschränkt gelten. Der Verkäufer und der Käufer stehen sich auf dem Markt als freie und gleichberechtigte Marktteilnehmer gegenüber und das Wertgesetz entscheidet hinter ihrem Rücken über den Preis. Gewinner und Verlierer sind hierbei keine Frage der (Un-)Gerechtigkeit, sondern die notwendige Folge der Konkurrenz, über die gesellschaftlich die Wirtschaft geregelt wird. Die soziale Hängematte für die auszubreiten, die nicht erfolgreich waren oder nicht bereit sind, als working poor für einen Hun-

gerlohn ihre Arbeitskraft zur Verfügung zu stellen, ist vom Standpunkt des erfolgreichen Unternehmers aus eine glatte Ungerechtigkeit gegenüber seinem verantwortungsvollen und risikoreichen Einsatz. Da die notwendigen Folgen der Konkurrenz jedoch derart verheerend für die Mehrheit der Bevölkerung wären, dass selbst eine geregelte Reproduktion der Arbeitskräfte nicht sichergestellt wäre, hat sich das so genannte Subsidiaritätsprinzip als sozialpolitische Ausnahme von der Regel dort durchgesetzt, wo der Großteil der Bevölkerung marktwirtschaftlich genutzt werden kann. Dort, wo dies nicht eindeutig der Fall ist, regeln Polizei und Militär die marktwirtschaftlichen Verhältnisse. 99% der Menschheit sind mit diesen Zuständen im Prinzip zufrieden. Im Prinzip heißt, die Marktwirtschaft gilt als das einzig denkbare Wirtschaftssystem und jeder pflegt daneben seine privaten Ideale, wie man die Gesellschaft gerechter gestalten könnte. Die Arbeitgeber geißeln den Wohlfahrtsstaat und die übertriebenen bürokratischen Vorschriften wie Umweltschutz, Bauordnungen, Arbeitsschutz, Lebensmittelgesetze, Tarifverträge, Kündigungsschutz. Das schade der Wettbewerbsfähigkeit. Der eine oder andere erfolgreiche Arbeitnehmer ist auch der Meinung, dass das Arbeitslosengeld gesenkt werden sollte, um den Anreiz auf dem Arbeitsmarkt zu erhöhen. »Die liegen uns ja sonst alle auf der Tasche!« Der eine oder andere Arbeitslose ist demgegenüber der Ansicht, es wäre gerechter, mit etwas mehr Arbeitslosengeld ausgestattet zu werden, da man sonst seine Familie nicht versorgen kann. Die Gewinne der Großunternehmen sind zu hoch, ist auch eine verbreitete Meinung. So gibt es endlose Debatten über vermeintliche Gerechtigkeiten und Ungerechtigkeiten, die sich ohne die Gründe zu nennen, warum es so ist, wie es ist, alle in einem bestärken: Marktwirtschaft müsste eigentlich gar nicht so sein, wie sie ist, wenn es in *meinem* Sinne gerechter zuginge.

4.1.1 »Soziale Marktwirtschaft« statt »entfesselter Markt«?

»Die sich stetig weitende Kluft zwischen den Besitzenden und den Habenichtsen hat eine wachsende Zahl von Menschen in der Dritten Welt, die mit weniger als einem Dollar pro Tag auskommen müssen, in bittere Armut gestürzt. Trotz wiederholter Versprechen in den neunziger Jahren, die weltweite Armut zu verringern, hat die Zahl der Menschen, die in Armut leben, tatsächlich um fast 100 Millionen zugenommen. ... Die Einführung der Marktwirtschaft hat in Russland und in den meisten anderen Transformationsländern nicht die versprochenen Erfolge erzielt. Der Westen prophezeite diesen Ländern, das neue Wirtschaftssystem werde ihnen einen ungeahnten Wohlstand bescheren. Stattdessen bescherte es ihnen eine nie da gewesene Armut: Die meisten Menschen wurden durch die Marktwirtschaft in vielerlei Hinsicht sogar noch schlechter gestellt, als es ihre kommunistischen Führer vorhergesagt hatten.«[94] »Die Leitlinien des "Washington Consensus" haben letztlich eine kleine Minderheit auf Kosten der großen Mehrheit, die Wohlhabenden auf Kosten der Bedürftigen, begünstigt. In vielen Fällen haben Handelsinteressen die Sorge um Umwelt, Demokratie, Menschenrechte und soziale Gerechtigkeit in den Hintergrund gedrängt.«[95]

Joseph Stiglitz, Nobelpreisträger für Wirtschaftswissenschaften und ehemaliger Chefvolkswirt und Senior Vice-President der Weltbank sowie enger Berater der US-Regierung, gibt sich enttäuscht. An dem weltweiten Elend in der marktwirtschaftlich gesteuerten Welt will er nicht vorbeisehen. »Das Problem an dem "Washington Consensus" besteht darin, dass der IWF

[94] Joseph Stiglitz, Die Schatten der Globalisierung, 2002, S. 20f
[95] Joseph Stiglitz, Die Schatten der Globalisierung, 2002, S. 35

diese wirtschaftspolitischen Leitlinien als Selbstzweck betrachtet statt als Mittel zu einem gerechter verteilten und nachhaltigeren Wachstum. Dadurch erhalten diese Leitlinien im Vergleich zu anderen politischen Maßnahmen, die ebenfalls nötig gewesen wären, ein viel zu großes Gewicht. ... Leider sind IWF und Weltbank mit einer verengten ideologischen Perspektive an diese Fragen herangegangen – die Privatisierung sollte schnell, um jeden Preis und unter allen Umständen durchgeführt werden. Die Probleme, die diese gescheiterten Privatisierungen aufwarfen, haben das Konzept der Privatisierung selbst in Misskredit gebracht.«[96] »Meines Erachtens sollen – und können – Regierungen eine Politik verfolgen, die das Wirtschaftswachstum in den Ländern fördert, die aber zugleich dafür sorgt, dass die Früchte dieses Wachstums gleichmäßiger verteilt werden.«[97]

Wenn die Privatisierung, das heißt der Ausschluss der Bevölkerung von den Produktionsmitteln, nicht so schnell vorangetrieben worden wäre, nicht als Selbstzweck, sondern als Mittel zu einem gerechter verteilten und nachhaltigerem Wachstum, dann wäre für den Kritiker von IWF und Weltbank folgende bessere Welt möglich. »Wir sind eine globale Schicksalsgemeinschaft, und wie alle Gemeinschaften müssen wir einige Regeln befolgen, ohne die ein gedeihliches Miteinander unmöglich ist. Diese Regeln müssen fair und gerecht sein – und als solche wahrgenommen werden –, damit nicht nur den Reichen, sondern auch den Armen die ihnen gebührende Beachtung geschenkt und damit ein Mindestmaß an ethischer Verantwortung und sozialer Gerechtigkeit gewahrt wird.«[98] In der Rationalität des mit der Warenproduktion gesetzten Rahmens befangen ist es für Stiglitz selbstverständlich, dass Armut und

---

[96] Joseph Stiglitz, Die Schatten der Globalisierung, 2002, S. 70f
[97] Joseph Stiglitz, Die Schatten der Globalisierung, 2002, S. 9
[98] Joseph Stiglitz, Die Schatten der Globalisierung, 2002, S. 13

Reichtum zum Wirtschaften = Marktwirtschaften dazugehören. Die »gebührende Beachtung« für die, die außer ihrer Arbeitskraft nichts besitzen und genau darüber die Grundlage für die privatwirtschaftliche Reichtumsproduktion sind, sowie »ein Mindestmaß an ethischer Verantwortung und sozialer Gerechtigkeit« für die, die mit dem Verkauf ihrer Arbeitskraft nicht genug zum Leben erwirtschaften können, ist alles, was für diesen Kritiker von IWF und Weltbank denkbar ist.

In ihrem Bestseller »Die Schock-Strategie« breitet Naomi Klein auf 763 Seiten Land für Land das ganze Elend aus, das die globale Marktwirtschaft weltweit begleitet. Neben dem Ausmaß der zunehmenden Verarmung im 21. Jahrhundert belegt sie in gruseligen Details, wie staatliche Gewalt bis hin zur systematischen Folter weltweit die Kritiker der herrschenden Verhältnisse in Schach hält. Das System der privaten Bereicherung will sie darüber allerdings keineswegs in Frage stellen. »Ich behaupte nicht, dass alle marktwirtschaftlichen Systeme von sich aus zur Gewalt tendieren. Natürlich ist eine Marktwirtschaft, die nicht mit solcher Gewalt durchgesetzt werden muss und keinen solchen ideologischen Purismus verlangt, absolut im Bereich des Möglichen. Ein freier Markt der Konsumgüter kann mit einem kostenlosen öffentlichen Gesundheitswesen, mit öffentlichen Schulen und mit einem großen Segment der Wirtschaft in staatlicher Hand – beispielsweise verstaatlichten Ölgesellschaften – durchaus koexistieren. Genauso kann man verlangen, dass Unternehmen anständige Löhne bezahlen und das Recht der Arbeiter auf gewerkschaftliche Organisation respektieren und dass Regierungen Steuern eintreiben und Reichtum umverteilen, damit die drastischen Ungleichheiten reduziert werden, die für den korporatischen Staat typisch sind. Märkte müssen nicht fundamentalistisch sein.«[99]

Ohne sich auch nur ansatzweise in ihrem Buch mit den ökonomischen Gesetzmäßigkeiten der Marktwirtschaft auseinanderzusetzen, ist sich Naomi Klein sicher, dass eine geschicktere Mischung aus freien Marktkräften und staatlich geführten Unternehmen – der sagenumwobene Dritte Weg – das Mittel für eine bessere Welt wäre. »Wenn es einen Dritten Weg zwischen Kommunismus und Kapitalismus gab – Demokratisierung des Landes bei gleichzeitiger Umverteilung von Reichtum – dann (war) die südafrikanische Freiheits-Charta – der Traum der den langen Befreiungskampf beflügelte – ... eine Spielart desselben Dritten Wegs: kein Staatskommunismus, sondern Marktwirtschaft in Koexistenz mit verstaatlichten Banken und Bergwerken und einem Staat, der mit diesen Einnahmen lebenswerte Wohnquatiere und anständige Schulen baut: Demokratie auf wirtschaftlicher wie auf politischer Ebene.«[100] Das Resultat der Bemühungen um den Dritten Weg war dann aber typisch für ein marktwirtschaftliches Drittweltland. »Nach einem Jahrzehnt ANC Regierung waren Millionen Menschen die neuen Wasser- und Stromanschlüsse wieder abgestellt worden, weil sie ihre Rechnungen nicht bezahlen konnten.«[101] Den Grund für diese unschöne Geschichte sieht Naomi Klein darin, dass zu schnell, zu viel und zu rücksichtslos privatisiert wurde. Vielleicht war der Grund aber auch einfach nur der, dass die Millionen von Menschen auf den freien Märkten nicht genug Geld für den Verkauf ihrer Arbeitskraft verdient hatten, um den in der

---

[99] Naomi Klein, Die Schock-Strategie. Der Aufstieg des Katastrophen-Kapitalismus, 2007, S. 36f
[100] Naomi Klein, Die Schock-Strategie, 2007, S. 275 und S. 635
[101] Naomi Klein, Die Schock-Strategie, 2007, S. 287

Marktwirtschaft über den Preis geregelten Ausschluss von Wasser und Strom aufheben zu können.

»Die Alternativa Bolivariana para los Pueblos de Nuestra América (ALBA, Bolivianische Alternative für die Völker unseres Amerika) ist die Antwort der Lateinamerikaner auf die Free Trade Area of the Amercas ... Der wichtigste Vorzug von ALBA ist, dass es im Grunde ein Tauschhandelssystem ist, innerhalb dessen jedes Land selbst entscheiden kann, wie hoch es den Wert einer Ware oder Dienstleistung ansetzen will, statt dass Händler in New York, Chicago oder London die Preise festlegen. Dadurch wird der Handel weit unanfälliger für jene schlagartigen Preisfluktuationen, die in jüngster Vergangenheit die Lateinamerikanischen Volkswirtschaften verheerten.«[102] Was den Wert einer Ware im Handel bestimmt, in welchem Verhältnis die Privatbesitzer im Warenhandel stehen, interessiert Naomi Klein nicht. Die naive Vorstellung von einem fairen Warentausch reicht völlig aus, um eine bessere Welt zu proklamieren. »So liefert beispielsweise Bolivien Erdgas zu stabilen, rabbatierten Preisen; Venezuela bringt sein Erdöl ein (das an ärmere Länder zu stark subventionierten Preisen abgegeben wird) und stellt sein Expertenwissen in der Erschließung von Reserven zur Verfügung; Kuba entsendet Tausende Ärzte, die in ganz Lateinamerika eine kostenlose medizinische Versorgung anbieten und bildet an seinen medizinischen Fakultäten Studenten aus anderen Ländern aus.«[103] So einfach ist der Dritte Weg. Alle vergeben weltweit für ihre Warenwerte – einschließlich der Ware Arbeitskraft – faire Preise, und schon tendiert der in Warenform vorliegende Reichtum der Marktwirtschaft nicht mehr von sich aus zur Gewalt, da der gegenseitige Ausschluss der pri-

---

[102] Naomi Klein, Die Schock-Strategie, 2007, S. 643
[103] Naomi Klein, Die Schock-Strategie, 2007, S. 643

vaten Warenproduzenten durch einen fairen Tauschhandel überbrückt wird.

Ohne die Gründe genau zu kennen bzw. sich für sie zu interessieren, ist durchaus allgemein anerkannt, dass die marktwirtschaftlichen Kräfte keineswegs zum Wohlstand für alle führen. Massenarbeitslosigkeit, Altersarmut, zunehmende Kriminalität, Verelendung ganzer Stadtteile usw. gelten als Probleme der Marktwirtschaft, die durch sozialstaatliche Maßnahmen abgemildert werden sollen. Je nach persönlicher Interessenlage werden daher mehr oder weniger staatliche Korrekturen gefordert. Die Besitzer von Produktionsmitteln streiten mit dem schönen Wort »Liberalismus« für weniger staatliche Vorschriften und damit für ihren privaten Geschäftsvorteil. Die marktwirtschaftlichen Phänomene wie Massenarbeitslosigkeit und Altersarmut würden sich von selbst lösen, wenn die Besitzer der Produktionsmittel nur ungehindert ihren Geschäften nachgehen könnten. Ihr Geschäftserfolg würde damit letztlich für alle zum Wohlstand führen. Wenn es dann nicht so kommt und die »Probleme« nur zugenommen haben, ist dies ja auch nicht ihr Problem.

Die Kritiker des so genannten »Neo-Liberalismus« wollen die Gründe für die »Probleme« auch nicht beseitigen. Statt sich für eine planmäßige gesellschaftliche Produktion und Verteilung mit dem Zweck der Versorgung der Menschen einzusetzen, wollen sie im Rahmen der sozialen Marktwirtschaft die Frage, was, wie und für wen produziert wird, ebenso auf den Zweck der privaten Geldvermehrung festnageln. Die »soziale Marktwirtschaft« soll nach marktwirtschaftlichen Prinzipien funktionieren, aber besser sein als »reine Marktwirtschaft«. Die ökonomischen Gegensätze, die über die Produktion von Waren sowie ihren Verkauf das gesellschaftliche Miteinander der Menschen bestimmen, sollen weiter gelten. Ebenso das Recht auf Eigentum an Produktionsmitteln und damit die Mittellosigkeit derer, die, aus welchen Gründen auch immer, nicht zu diesem privilegierten Kreis gehören. Auf die Effizienz der »reinen Marktwirtschaft« wollen die Anhänger der »sozialen Marktwirtschaft« nicht verzichten. Lediglich die Kosten, die infolge effizienter Arbeitsbedingungen, effizienter Kinder- und Altenbetreuung, effizienter Bildungspolitik, effizienter Umweltpolitik, effizienter Welthungerhilfe usw. anfallen, sollen durch sozialstaatliche Reglementierung vermieden werden. Wer soll die Kosten dann tragen? Etwa die »Wirtschaft«, die gerade aus Effizienzgründen und im Hinblick auf »unsere« Wettbewerbsfähigkeit und die heimischen Arbeitsplätze diese Kosten gar nicht tragen kann?

Das Ideal einer sozialstaatlich geregelten Marktwirtschaft leistet sich den Widerspruch, die auf den Zweck der privaten Geldvermehrung ausgerichtete Effizienz ohne die durch diese Effizienzkalkulation verursachten Kosten haben zu wollen. Der Widerspruch beginnt mit dem falschen Lob der Angebotsseite. Die Marktwirtschaft als Wirtschaftssystem soll unschlagbare Vorteile haben, die die eine oder andere Schattenseite durchaus rechtfertigen: Warenvielfalt statt Mangelwirtschaft, industrieller Fortschritt statt Rückständigkeit, Freiheit statt Kommandowirtschaft sind hier die Stichworte.[104]

Die **Warenvielfalt** gilt bei Befürwortern der Marktwirtschaft als besonderes Prädikat dieser Form der Wirtschaftssteuerung. Es wird sogar der Eindruck erweckt, der Zweck der Warenvielfalt wäre die optimale Versorgung der Konsumenten. In Wirklich-

---

[104] Vgl. hierzu: Arne Daniels, Stefan Schmitz, »Die Geschichte des Kapitalismus. Vom Webstuhl zum World Wide Web«, 2006. Ein treffendes Beispiel für die Sorte von Lob der Angebotsseite der Marktwirtschaft, für die prinzipiell kein Opfer zu groß sein kann.

keit gibt es die zahlreichen Produktmarken natürlich nur, weil die konkurrierenden Unternehmen mit ähnlichen Gebrauchsgegenständen ein Geschäft machen wollen. Der Verbraucher steht daher vor zehn bis zwanzig verschiedenen Zahnpasten oder Waschmitteln und kann versuchen, herauszubekommen, welches Produkt qualitativ besser ist – sei es über die Werbeversprechen, denen aus gutem Grund keiner Glauben schenken mag, sei es über das mühsame Studium der Inhaltsstoffe. Wer sich letztlich bei der Entscheidung doch vom Preis leiten lässt, sollte sich fragen, ob eine planmäßige gesellschaftliche Produktion mit dem Zweck, qualitativ gute Gebrauchsgegenstände herzustellen, statt vorrangig den Gewinn im Auge zu haben, für seinen eigenen Versorgungsanspruch nicht passender wäre, zumal trotz ständiger staatlicher Überwachung der nächste größere oder kleinere Lebensmittelskandal nur eine Frage der Zeit ist.

Ungeachtet des Inhaltes der beeindruckenden Auswahl gelten Warenvielfalt in Kaufhäusern und prall gefüllte Schaufenster als Ausweis für eine erfolgreiche Wirtschaftssteuerung. Es gibt alles im Überfluss! Natürlich weiß jeder, dass Waren ihren Preis haben und daher nicht das Bedürfnis darüber entscheidet, was man nimmt, sondern die zahlungsfähige Nachfrage. Da aber auch die noch so kleine zahlungsfähige Nachfrage als Mittel zum Geschäft taugt, bietet die Warenvielfalt für jeden das Passende: das qualitativ sehr hochwertige Luxusgut und den Ramsch. Warenvielfalt und Zugang zum vorhandenen Reichtum sind in den erfolgreichen Industrieländern, in denen gemäß den offiziellen Armutsstatistiken 50% der Bevölkerung über lediglich 5% des Vermögens verfügen, zwei unterschiedliche Dinge. Der »Reichtum der Nation«, den der erfolgreiche marktwirtschaftlich ausgerichtete Staat im Wachstum seines Bruttosozialproduktes bilanziert, addiert lediglich den abstrakten Geldwert der in der »Volkswirtschaft« erbrachten Leistungen. Die konkrete Lebensqualität der Bevölkerung – die Qualität von und der Zugang zu Konsumgütern sowie die Reduktion der Arbeitsbelastung bzw. Arbeitszeit – kommt in der über das Geld gesteuerten und am Geld gemessenen marktwirtschaftlichen Reichtumsproduktion gar nicht vor. Was jedem bleibt ist die marktwirtschaftliche Illusion, die Warenvielfalt gäbe zumindest die Möglichkeit, alles zu bekommen, was das Herz begehrt.

Der **technische Fortschritt** gilt neben der Warenvielfalt bei Befürwortern der sozialen Marktwirtschaft als unmittelbarer Verdienst dieser Form der Wirtschaftssteuerung. Mit der allgemeinen Problematisierung der spezifischen *marktwirtschaftlichen* Folgen der Produktivkraftentwicklung als »Fluch oder Segen des technischen Fortschritts« wird so getan, als gäbe es ohne die

Effizienz der Marktwirtschaft gar keinen technischen Fortschritt, keine Erfindungen, keine Produktivitätssteigerung und damit keinen wachsenden Wohlstand. Mit dem selbstbewussten Lob der Marktwirtschaft, das einräumt, dass die industrielle Revolution natürlich auch ihre »Schattenseiten« hatte, wird der Eindruck vermittelt, als ob eine planmäßige Produktion mit dem Zweck der Versorgung der Menschen gar keine denkbare Alternative zum Privateigentum an Produktionsmitteln und dem dazugehörigen Zweck der Geldvermehrung wäre. Marktwirtschaft wird, wenn man es so sehen will, zum Synonym für Wirtschaft und technischen Fortschritt. Da mögen die Schattenseiten, die das Kriterium der Geldvermehrung täglich verursacht, noch so groß sein. Ohne Wirtschaft und technischen Fortschritt = Marktwirtschaft geht es nach dieser Logik nun einmal nicht. So siegt die marktwirtschaftliche Effizienz über die Tagträumerei der Weltverbesserer. Die Maschinen geben den Takt des Lebens vor. Niemand kann sie vernünftigerweise aufhalten. Zum Verlierer wird zu Recht, wer nicht bereit ist, sich anzupassen.

Wenn Geldvermehrung der Zweck der Produktion ist, kommt technischer Fortschritt nur dort zustande, wo er sich in lohnende Geschäfte umsetzen lässt. Die Dynamik seiner Entwicklung muss dann auch keine Rücksicht auf die Arbeitskräfte nehmen. Sie sind Kostenfaktoren in der Investitionsrechnung, ebenso wie die Gebrauchswerte nur Mittel zum Zweck der privaten Bereicherung. Gemessen an dieser auf den Zweck der Geldvermehrung ausgerichteten Effizienz wären Rücksichtnahme auf die Arbeitsbedingungen und die Bedürfnisse der weltweiten Bevölkerung Verschwendung von Ressourcen. Wäre die industrielle Revolution nicht über den Zweck der Geldvermehrung, sondern über den Zweck der planmäßigen gesellschaftlichen Versorgung der Bevölkerung effizient vorangetrieben worden, wäre ihr nicht das Geld ausgegangen, da es für diesen Zweck gar keines Geldes bedarf. Statt über Privateigentum an Produktionsmitteln, das sich und seine Vermehrung in Geld bemisst, wäre der technische Fortschritt planmäßig als gemeinschaftliche Produktion organisiert worden. Ein Paradies wäre so nicht entstanden, aber es wäre niemand neben den geschaffenen Reichtümern verhungert.

Den Zweck der marktwirtschaftlichen Produktivkräfteentwicklung in Frage zu stellen, wäre auch für die »Kritiker« der marktwirtschaftlichen Verhältnisse nichts als Tagträumerei. Gemäß der unumstößlichen Logik – Wirtschaft und technischer Fortschritt = Marktwirtschaft – wird jede kleine Verbesserung, die dank dem *technischen Fortschritt* für die Arbeitnehmer abfällt, zu einem Erfolg der Dynamik und Effizienz der Marktwirtschaft, für die sich die Opfer über Generationen gelohnt haben und lohnen werden. Die Eigentümer der Produktionsmittel sehen das auch so.

Die **Freiheit** ist das höchste Gut, das der Marktwirtschaft zugeschrieben wird. Für die Freiheit kann keine Schattenseite der Marktwirtschaft zu groß sein. Was ist denn eigentlich die Freiheit, die sich die marktwirtschaftliche Globalisierung auf ihre

Fahnen schreibt? Die Freiheit, von der Warenvielfalt zu nehmen, was man will? Die Freiheit, nach Feierabend zu tun, was einem gefällt? Die Freiheit der Berufswahl: Friseur, Mannequin, Putzfrau oder Bankdirektor? Die Freiheit, in Privatunternehmen seine Arbeit zu machen statt in der Kommandowirtschaft?

In der Marktwirtschaft leben die Menschen in der Tat in Freiheit. Für die überwiegende Mehrheit der Bevölkerung gilt diese Freiheit allerdings im doppelten Sinn. Als freie Arbeitnehmer können sie gleichberechtigt auf dem Arbeitsmarkt antreten. Keiner schreibt vor, für was man sich bewirbt oder was man im Anschluss an den Arbeitstag macht bzw. wofür man sein Geld ausgibt. Zugleich ist die überwiegende Mehrheit der Bevölkerung frei von Mitteln zur Sicherung ihres Lebensunterhaltes. Der tägliche Verkauf der eigenen Arbeitskraft ist das einzige Mittel, um sich mit den im Privatbesitz befindlichen Waren versorgen zu können. Wer den Zuschlag bekommt und zu welchen Konditionen, entscheiden die Besitzer der Produktionsmittel. Wer krank wird, zu alt ist oder einfach das Pech hat, zum Überangebot an Arbeitskräften zu gehören, bleibt auf seiner Ware sitzen und kann mit zahlungsunfähigen Bedürfnissen die Freiheit der Marktwirtschaft genießen.

Jeder, so heißt es, ist in der Marktwirtschaft seines Glückes Schmied. Aber was passiert, wenn sich 50 Leute auf eine Stelle bewerben? Nur einer bekommt sie. Nun kann man aus dem Ergebnis schlussfolgern, dass derjenige dann wohl der Beste gewesen sein muss. Es könnte aber auch auffallen, dass bei aller Anstrengung und Qualifikation nur eine Stelle vorhanden war. Wenn ich mich nur genug anstrenge, werde ich den Hundertmeterlauf gewinnen. Natürlich weiß jeder, dass das nicht stimmt. Die eigene Anstrengung ist nur die eine Seite. In der Konkurrenz entscheidet letztlich, was der andere macht. Wer zu kurze Beine hat, kann sich noch so viel anstrengen, er wird verlieren. Wenn also die Versorgung der Menschen über die Konkurrenz gegeneinander organisiert wird, gibt es notwendig Gewinner und arme Hunde. Wen es trifft, wird als Wettbewerb entschieden. Wer das als verpasste Chance sehen will, übersieht die Notwendigkeit, mit der ein über Wert und Geld gesteuertes Wirtschaftssystem Armut und Reichtum erzeugt. Wenn man das Wirtschaftssystem nicht in Frage stellen will, erscheint es als Sachnotwendigkeit, als praktisches Interesse, sich den Resultaten der Konkurrenz unterzuordnen. Nur eine Chance verpasst zu haben, spendet hierbei in der Tat den erforderlichen Trost.

Die Marktwirtschaft ist das Reich der unbegrenzten Möglichkeiten. Die Läden sind gefüllt mit Waren aller Art. Kein Wunsch, der nicht erfüllt werden könnte. Ebenso der Arbeitsmarkt. Es herrscht freie Berufswahl: Fotomodell, Rechtsanwalt, Bankdirektor, Friseur, Künstler, Marketingmanager, Fabrikbesitzer usw. Jeder hat die Möglichkeit, die notwendige Ausbildung zu absolvieren und kann sich anstrengen, seinen Traumjob zu erlangen. Schaut man sich das emsige Treiben einmal aus der Vogelperspektive an, bietet sich folgendes Bild: 50 % der Bevölkerung verfügt z. B. in Deutschland über 4 % des gesamten Nettovermögens (ohne Betriebsvermögen!) und damit über den entsprechenden Anteil des in der ungeheuren Warenvielfalt vorliegenden Reichtums der Gesellschaft.[105] Arbeitswelt und Beruf sortieren sich bekanntlich ebenfalls nach den Mitteln, über die die Eltern der Kinder verfügen. Der Schein trügt also! Es gibt zwar den Tellerwäscher, der zum Millionär wird, aber nur als Ausnahme, die die Regel bestätigt. Die Regel ist, dass die Reichen immer reicher und die Armen immer ärmer werden. Die Regel ist, dass der Reichtum einer Minderheit auf der Armut der Mehrheit beruht.

Das Dogma – Marktwirtschaft wäre die einzig vernünftige Form, Wirtschaft zu organisieren – lebt davon, die angeblichen Prädikate der Marktwirtschaft getrennt von ihrem tatsächlichen Inhalt zu idealisieren. Warenvielfalt ist besser als weniger Auswahl, schnellerer technischer Fortschritt besser als langsamerer, Freiheit ist besser als Beschränkung. Trotz der wachsenden Kluft zwischen Armut und Reichtum, trotz steigender Arbeitslosigkeit, trotz wachsender Altersarmut, trotz Straßenkindern und Bildungsnotstand, trotz irreführender Werbung, Lebens-

---

[105] Vgl. Lebenslagen in Deutschland - Der 2. Armuts- und Reichtumsbericht der Bundesregierung von 2005, S. XXV
http://www.diw.de/deutsch/sop/soeppub/dokumente/gutachten/index.html

mittel- und Umweltskandalen, trotz Berufskrankheiten, trotz Hunger und Elend außerhalb der reichen Industrieländer fordern die Kritiker der »reinen« Marktwirtschaft nicht den Grund, das Eigentum an Produktionsmitteln samt Lohnarbeit, abzuschaffen, sondern die sozialstaatliche Reglementierung des Marktes als Umgang mit den notwendigen Folgen. Da der Ausgangspunkt dieser Forderung die Parteinahme für die Marktwirtschaft als beste Form der Wirtschaftssteuerung ist, liegen die engen Grenzen des zumutbaren Regulierungsbedarfes bereits fest. Die Wettbewerbsfähigkeit der Unternehmen darf nicht ernsthaft gefährdet werden! Die Grundlage dafür, was, ob überhaupt bzw. für wen produziert wird, ist schließlich das erfolgversprechende Geschäft, die privatwirtschaftliche Bereicherung, und nicht die planmäßige gesellschaftliche Organisation, Gebrauchsgegenstände zwecks Versorgung zu produzieren. »Können wir uns den Sozialstaat leisten?« ist daher die berechtigte Frage, die gerne angesichts des sozialen Elends von Parteigängern der Marktwirtschaft diskutiert wird. Beantwortet wird die Frage vom Markt und dessen Gesetzmäßigkeiten in der Konkurrenz mit den anderen Marktteilnehmern und da man sich im Ausgangspunkt einig ist, muss es dann wohl auch so sein, wie es ist. Arbeitslosenunterstützung, Sozialhilfe, Arbeitsschutzgesetze, Umweltschutzgesetze, Lebensmittelgesetze usw. orientieren sich dann an dem in der marktwirtschaftlichen Konkurrenz Machbaren. Alles andere wäre reine Traumtänzerei.

Der Umfang der staatlichen Sozialleistungen steht somit im Zusammenhang mit der Anzahl der für die marktwirtschaftliche Produktion benötigten Menschen. Natürlich nicht im Sinne der Bedürfnisbefriedigung, sondern im für die Wettbewerbsfähigkeit der Unternehmen zweckmäßigen Umfang. Der Staat ist an der langfristigen Funktionsfähigkeit seiner marktwirtschaftlichen Wirtschaftsordnung interessiert. Kurzfristige Krankheit oder

Arbeitslosigkeit darf daher nicht dazu führen, dass die Menschen in Folge ihrer Mittellosigkeit verwahrlosen und damit nicht mehr zur Verfügung stehen, wenn sie wieder von den Unternehmen gebraucht werden. Hier sind gegebenenfalls Qualifizierungs- oder Umschulungsmaßnahmen und eine eingeschränkte Versorgung, die genug Anreiz lässt, die Arbeitskraft aktiv auf dem Arbeitsmarkt anzubieten, marktwirtschaftlich vertretbar. Je mehr und je länger Menschen arbeitslos, also für die marktwirtschaftliche Produktion überflüssig sind, desto mehr wird der sozialstaatliche Aufwand gekürzt. In weniger erfolgreichen Ländern, wo die Arbeitslosigkeit einen Großteil der Bevölkerung betrifft, wo also mehr als genug Arbeitskräfte um die vorhandenen Arbeitsplätze konkurrieren, sind sozialstaatliche Regelungen aus marktwirtschaftlicher Sicht Verschwendung von Ressourcen, die woanders (d.h. auf der Kapitalseite) besser eingesetzt sind. Der Großteil der Bevölkerung lebt in diesen Ländern neben dem durchaus vorhandenen Reichtum der Nation in absoluter Verelendung. Polizei und Militär sorgen in diesen Ländern dafür, dass die Freiheit des Eigentums auch respektiert wird. In den erfolgreichen Industrieländern mit überschaubarem Arbeitslosenheer geht es den so genannten Langzeitarbeitslosen zunehmend auch nicht besser und das nicht trotz wachsenden Reichtums der Nation, sondern wegen des in Geld gemessenen Reichtums der Nation. Auch in diesen Ländern werden gemäß der offiziellen Armutsberichte die Reichen immer reicher und die Armen immer ärmer.

GEHT ES DEN MENSCHEN BESSER, WENN SIE DIE GESETZE DES MARKTES AKZEPTIEREN ODER WENN SIE VERSUCHEN, SIE AUSZUHÖHLEN? MÜSSEN DIE REICHEN IMMER REICHER WERDEN, DAMIT AUCH FÜR DIE ARMEN MEHR ABFÄLLT?
GIBT ES KEINE ALTERNATIVE?
DOCH, NATÜRLICH. KAPITALISMUS IST NICHT KAPITALISMUS. DIE GESCHICHTE DES KAPITALISMUS IST AUCH DIE GESCHICHTE DES BEMÜHENS, DAS RAUBTIER EINZUHEGEN, OHNE ES ZU LÄHMEN.

4.1.2 Profitgier und Gewinnmaximierung – ein Mangel an sozialer Verantwortung?

Die Reichsten der Reichen[106]

1. 62 Mrd. $ Warren Buffett
2. 60 Mrd. $ Carlos Slim Helu
3. 58 Mrd. $ Bill Gates
4. 45 Mrd. $ Lakshmi Mittal
5. 43 Mrd. $ Mukesh Ambani
6. 42 Mrd. $ Anil Ambani
7. 31 Mrd. $ Ingvar Kamprad
8. 30 Mrd. $ KP Singh
9. 28 Mrd. $ Oleg Deripaska
10. 27 Mrd. $ Karl Albrecht

Die Ärmsten der Armen[107]

Guatemala, Honduras, Nicaragua, Panama, Dominikanische Republik, Bolivien, Haiti, Senegal, Guinea, Mali, Niger, Tschad, Sudan, Kenia, Burkina Faso, Kamerun, Togo, Malawi, Bissau, Zentralafrika, Botswana, Namibia, Sierra Leone, Liberia, Kongo, Ruanda, Burundi, Äthiopien, Jemen, Tansania, Angola, Madagaskar, Sambia, Simbabwe, Georgien, Armenien, Aserbaidschan, Usbekistan, Tadschikistan, Pakistan, Indien, Sri Lanka, Bhutan, Laos, Thailand, Kambodscha, Phillipinien, Bangladesh, Mongolei, Nordkorea

---

[106] Laut Forbes List, im Netz: http://www.forbes.com/2008/03/05/richest-billionaires-people-billionaires08-cx_lk_0305intro.html

[107] Länder, in denen nach Angaben von Welthungerhilfe mehr als 20% der Bevölkerung unterernährt sind. (http://www.welthungerhilfe.de Juli 2006)

Insgesamt nennt »Forbes« für 2007 rund 1125 Milliardäre, so viele wie noch nie. Gemeinsam besitzen sie die stolze Summe von 4,4 Billionen Dollar. Daneben gibt es nach UN-Angaben ca. 850 Millionen Menschen die hungern. Ein Verteilungsproblem? Profitgier und Gewinnmaximierung statt angemessener Gewinne für die Besitzer der Produktionsmittel? Was ist eigentlich angemessen? Die Hälfte, ein Drittel oder ein Fünftel?

Die Bekanntgabe von Rekordgewinnen bei gleichzeitiger Ankündigung von Massenentlassungen wird von der Börse zu Recht mit Kurssteigerungen belohnt. Genauso geht erfolgreiches Unternehmertum, das gemäß der marktwirtschaftlichen Wirtschaftsordnung die Triebfeder des Wohlstands für alle sein soll. Ständig an der Kostenschraube zu drehen, ist ein Gebot der Wettbewerbsfähigkeit. Die stattlichen Gewinne, die nicht trotz, sondern wegen der Entlassungen zustande kommen, setzen sofort Maßstäbe für die Konkurrenten. Für die einen geht es darum, im Wettbewerb überhaupt zu bestehen, für die anderen bietet sich eine interessante Renditechance, die entsprechende Investitionen rechtfertigt. Wenn die Konkurrenten dann ähnlich erfolgreich Produktivitätssteigerungen umgesetzt haben, reduzieren sich die Rekordgewinne wieder auf ein »Normalniveau«. Wer nicht mitzieht, hätte in der Tat seine Wettbewerbsfähigkeit verloren. Die Kritik, hier wäre Profitgier oder übertriebene Gewinnmaximierung am Werk, weiß ja selbst nicht, wo ein anständiger Gewinn anfängt oder aufhört.

Einerseits wird der Maßstab der privaten Bereicherung als Steuerungsprinzip der Wirtschaft akzeptiert, soll aber in seinen unschönen Folgen – die Reichen werden immer reicher, die Armen immer ärmer – nicht gelten. Erst ist man begeistert dafür, die Wirtschaft marktwirtschaftlich, also über den Privatbesitz an Produktionsmitteln und den Stachel der privaten Bereicherung, zu organisieren, weil dies so effizient ist, dann findet der eine oder andere dies ungerecht. Die Frage, wie viel Produktionskapazität z.B. für Lebensmittel erforderlich ist, soll nicht am Maßstab der Bedürfnisse der hungernden Menschen, sondern am Maßstab der effizienten privaten Geldvermehrung entschieden werden. Darin sind sich alle Befürworter der marktwirtschaftlichen Steuerung einig. Angesichts der notwendigen Folgen einer auf Geldvermehrung ausgerichteten Effizienz – Warum soll denn ein Warenproduzent Lebensmittel für Leute produzieren, die, aus welchen Gründen auch immer, gar nicht bezahlen können? – soll dann der den ökonomischen Prinzipien der Warenproduktion fremde Maßstab der sozialen Gerechtigkeit die unschönen Auswüchse der effizienten Geldvermehrung korrigieren. Nun steht man vor einem Widerspruch. Einerseits soll es privatwirtschaftlich effizient zugehen, andererseits sozial gerecht. Was ist denn überhaupt sozial gerecht? Wer in der marktwirtschaftlichen Konkurrenz um Geschäft und Arbeitsplätze nicht erfolgreich ist, hat nach den Regeln der Marktwirtschaft zu Recht keinen Anspruch auf Teilhabe am Reichtum der Gesellschaft. Wie viel den Erfolglosen dennoch als soziale Korrektur zugestanden werden soll, ist daher eine offene Frage, die jeder gemäß seinen privaten Interessen als gerecht oder ungerecht empfinden kann. Da sich die erfolgreichen Vertreter der liberalen Marktwirtschaft und deren »Kritiker« – die Verfechter einer sozialen Marktwirtschaft – in der entscheidenden Frage einig sind – Wirtschaft geht nur marktwirtschaftlich –, wird die Verteilungsfrage konsequenterweise entsprechend marktwirtschaftlicher Kriterien entschieden. Wie viel Korrektur verträgt das lohnende Geschäft? Wenig!

Welthunger, eine Milliarde Menschen ohne Zugang zu sauberem Wasser, Slums, Straßenkinder, Altersarmut, Arbeitslosigkeit, Obdachlosigkeit auch in den reichsten Industrieländern sind daher im 21. Jahrhundert und trotz allem technologischen Fortschritt kein Widerspruch zur ständig geführten Debatte um Verteilungsgerechtigkeit und das erforderliche bzw. zumutbare Ausmaß an sozialer Marktwirtschaft. Sie sind vielmehr die Konsequenz der Einigkeit im Hinblick auf das Wirtschaftssystem. Es werden lediglich die unangenehmen Folgen einer Wirtschaftsform bejammert, die man im Prinzip und damit letztlich auch mit ihren Folgen gut finden will.

Die »Kluft zwischen arm und reich wird immer größer. Weltweit steigt das Brutto-National-Einkommen (BNE). Im Jahr 2004 lag es bei insgesamt rund 40 Billionen Dollar – etwa doppelt so hoch wie 1990. ... In den Ländern mit dem reichsten Fünftel der Erdbevölkerung ist das Pro-Kopf-Einkommen heute rund 90 Mal so hoch wie in jenen Staaten, in denen das ärmste Fünftel lebt. Selbst in der "Blütezeit" des Kolonialismus gab es nicht annähernd ein solches weltweites Wohlstandsgefälle. Noch im Jahr 1960 hatte das Verhältnis bei 30:1, im Jahr 1990 bei 60:1 gelegen.«[108]

Der 2005 von Bundesregierung herausgegebene 2. Armuts- und Reichtumsbericht kommt zu dem Ergebnis, dass die Reichen in Deutschland immer reicher und die Armen immer ärmer werden. »Während die unteren 50% der Haushalte nur über etwas weniger als 4% des gesamten Nettovermögens (ohne Betriebsvermögen) verfügen, entfallen auf die vermögendsten 10% der Haushalte knapp 47%.«[109]

[108] http://www.welthungerhilfe.de/1072.html, September 2006

[109] 2. Armuts- und Reichtumsberichterstattung der Bundesregierung, S. XXV. Bei der Herausgabe des 1. Armuts- und Reichtumsberichts in 2001 verfügte die Hälfte der Bevölkerung noch über 4,5% des Vermögens (ohne Betriebsvermögen).

Wäre die Marktwirtschaft besser, wenn Steven A. Cohen zwei Bilder weniger kaufen könnte oder sein Geld auch nur für Kunstposter ausreichen würde?[110] Wer meint, die Marktwirtschaft wäre ein bloßes Verteilungsproblem, mit etwas weniger Gewinn wäre alles in Ordnung, teilt die Kritik an der Marktwirtschaft nicht. Es ist nicht das Mehr oder Weniger an Gewinn – an welchem Maßstab sollte man da auch die Grenze ziehen –, sondern das Produktionsverhältnis, in dem nicht die Versorgung der Menschen der Zweck ist, sondern die Vermehrung des Geldes. Umverteilung ändert nichts daran, dass die Geldvermehrung, der Gewinn, der Maßstab der Produktionsentscheidung ist und damit darüber entscheidet, was, ob überhaupt, für

[110] Steven A. Cohen ist von Beruf Hedgefondmanager – er lebt also von der Spekulation auf Marktschwankungen – und ist darüber bekannt geworden, dass er in den letzten fünf Jahren 400 Millionen Dollar für Kunst ausgegeben hat. Die »New York Times« erwähnt darunter 52 Millionen Dollar für einen Jackson Pollock, 25 Millionen Dollar für Andy Warhols »Superman«, 16,5 Millionen für ein Frühwerk von Francis Bacon und acht Millionen Dollar für den berühmten in Formaldehyd eingelegten Tigerhai von Damien Hirst.

wen und unter welchen Arbeitsbedingungen produziert wird. Die Tatsache, dass dabei in der Marktwirtschaft die Reichen immer reicher und die Armen immer ärmer werden, hat einen zwingenden ökonomischen Grund und lässt sich daher überhaupt nicht verhindern, solange Wirtschaften marktwirtschaftlich organisiert wird. Warum ist das so?

In der Marktwirtschaft geht es nicht darum, unter Berücksichtigung der Arbeitsbedingungen die Herstellung und Verteilung nützlicher Gebrauchsgegenstände effizient zu organisieren, sondern darum, Geld zu vermehren. Der Kauf und die wertschaffende Anwendung der Arbeitskraft – andere für sich arbeiten zu lassen – sind hierbei der Schlüssel zum privaten Erfolg. »Was aber anfangs nur Ausgangspunkt war, wird vermittelst der bloßen Kontinuität des Prozesses … stets aufs Neue produziert und verewigt als eignes Resultat der kapitalistischen Produktion. … Es ist nicht mehr der Zufall, welcher Kapitalist und Arbeiter als Käufer und Verkäufer einander auf dem Warenmarkt gegenüberstellt. Es ist die Zwickmühle des Prozesses selbst, die den einen stets als Verkäufer seiner Arbeitskraft auf den Warenmarkt zurückschleudert und sein eignes Produkt stets in das Kaufmittel des anderen verwandelt. … Einerseits verwandelt der Produktionsprozess fortwährend den stofflichen Reichtum in Kapital, in Verwertungs- und Genussmittel für den Kapitalisten. Andrerseits kommt der Arbeiter beständig aus dem Prozess heraus, wie er in ihn eintrat – persönliche Quelle des Reichtums, aber entblößt von allen Mitteln, diesen Reichtum für sich zu verwirklichen. … Da der Produktionsprozess zugleich der Konsumtionsprozess der Arbeitskraft durch den Kapitalisten ist, verwandelt sich das Produkt des Arbeiters nicht nur fortwährend in Ware, sondern in Kapital, Wert, der die wertschöpfende Kraft aussaugt, Lebensmittel, die Personen kaufen, Produktionsmittel, die den Produzenten anwenden. Der Arbeiter selbst produziert daher beständig den objektiven Reichtum als Kapital, ihm fremde, ihn beherrschende und ausbeutende Macht, und der Kapitalist produziert ebenso beständig die Arbeitskraft als subjektive, von ihren eignen Vergegenständlichungs- und Verwirklichungsmitteln getrennte, abstrakte, in der bloßen Leiblichkeit des Arbeiters existierende Reichtumsquelle, kurz den Arbeiter als Lohnarbeiter. … Die beständige Erhaltung und Reproduktion der Arbeiterklasse bleibt beständige Bedingung für die Reproduktion des Kapitals. … Der kapitalistische Produktionsprozess … produziert also nicht nur Ware, nicht nur Mehrwert, er produziert und reproduziert das Kapitalverhältnis selbst, auf der einen Seite den Kapitalisten, auf der andren den Lohnarbeiter.« [111]

Die Armut der Mehrheit der Bevölkerung, ihr Ausschluss von den Produktionsmitteln, ist damit die Grundvoraussetzung des kontinuierlichen marktwirtschaftlichen Produktionsprozesses. Darüber hinaus kommt in der Marktwirtschaft Wirtschaftswachstum dadurch zustande, dass Besitzer von Produktionsmitteln andere für sich arbeiten lassen und nach dem erfolgreichen Verkauf der Waren den für ihren eigenen Konsum nicht benötigten Teil des rechtmäßig angeeigneten Mehrwertes wieder in Produktionsmittel und Arbeitskräfte investieren, um darüber auf erweiterter Stufenleiter den Privatreichtum der Nation zu vermehren.

»Früher hatten wir zu betrachten, wie der Mehrwert aus dem Kapital, jetzt wie das Kapital aus dem Mehrwert entspringt. Anwendung von Mehrwert als Kapital oder Rückverwandlung von Mehrwert in Kapital heißt Akkumulation des Kapitals. …
Um zu akkumulieren, muss man einen Teil des Mehrprodukts in Kapital verwandeln. Eigentum an vergangner unbezahlter Ar-

[111] Karl Marx, Das Kapital, Bd. 1, S. 596 ff

beit erscheint jetzt als die einzige Bedingung für gegenwärtige Aneignung lebendiger unbezahlter Arbeit in stets wachsendem Umfang. Je mehr der Kapitalist akkumuliert hat, desto mehr kann er akkumulieren. … Der beständige Kauf und Verkauf der Arbeitskraft ist die Form. Der Inhalt ist, dass der Kapitalist einen Teil der bereits vergegenständlichten fremden Arbeit, die er sich unaufhörlich ohne Äquivalent aneignet, stets wieder gegen größeres Quantum lebendiger fremder Arbeit umsetzt.«[112] »Jede Akkumulation wird das Mittel neuer Akkumulation. Sie erweitert mit der vermehrten Masse des als Kapital funktionierenden Reichtums seine Konzentration in den Händen individueller Kapitalisten, daher die Grundlage der Produktion auf großer Stufenleiter und der spezifisch kapitalistischen Produktionsmethoden.«[113]

Der Tellerwäscher, der zum Millionär wird und damit selbst andere für sich arbeiten lassen kann, bestätigt als Ausnahme von der Regel nichts anderes als die Regel. Die Regel ist, dass der Arbeitnehmer, der seine Arbeitskraft verkaufen muss, weil er keine eigenen Produktionsmittel besitzt, auch nach dem Produktionsprozess über nichts als seine Arbeitskraft verfügt und daher diese erneut verkaufen muss, um an die notwendigen Lebensmittel zu gelangen. Die Regel ist, dass die Unternehmer den Teil des über den Produktionsprozess angeeigneten Mehrwertes, der für den eigenen Konsum nicht benötigt wird, in den vermehrten Kauf fremder Arbeitskraft investieren können, um hierüber den ihnen zustehenden Mehrwert zu steigern. So werden die Reichen mit dem marktwirtschaftlichen Wirtschaftswachstum zwangsläufig reicher und die Armen zwangsläufig ärmer.

---

[112] Karl Marx, Das Kapital, Bd. 1, S. 605ff
[113] Karl Marx, Das Kapital, Bd. 1, S. 653

Der angesichts der Armut ungeheuerliche Reichtum, die Verschwendung und Zurschaustellung des Luxus als Ausdrucks des Erfolges sind dabei nur die Spitze des Eisberges. Würden die 4,4 Billionen $ der 1125 Milliardäre auf die 850 Millionen vom Hungertod Bedrohten aufgeteilt, würde jeder mit den zusätzlichen 5.176 $ besser über die nächsten Monate kommen. An der auf Geldvermehrung ausgerichteten Organisation der Wirtschaft würde dies nichts ändern. Auch morgen würde ein nicht zahlungsfähiges Bedürfnis in Indien, Brasilien, Kongo, Manila, Detroit oder Paris marktwirtschaftlich keinen interessieren. Produktentwicklungs-, Produktions- und Distributionsentscheidungen würden nach marktwirtschaftlichen Kriterien nur dort etwas in Bewegung setzen, wo es sich für den Besitzer der Produktionsmittel lohnt. Die Menschen, die für die lohnende private Anwendung nicht gebraucht werden, wären weiterhin überflüssig und die, die lohnend anwendbar sind, sollten sich möglichst lange und intensiv verausgaben, damit die Wirtschaft wächst. Der gerne kritisierte Konsum und Luxus der Erfolgreichen ist also nicht der Witz. Gerade in den hochgeschätzten Gründerjahren des Unternehmertums herrschen Bereicherungstrieb, Geiz und ein unermüdlicher Arbeitseinsatz als absolute Leidenschaften vor, in dem Bemühen, das eigene Unternehmen gegen die Konkurrenz voranzubringen. Erst später, »auf einer gewissen Entwicklungshöhe wird ein konventioneller Grad von Verschwendung, die zugleich Schaustellung des Reichtums und daher Kreditmittel ist, sogar zu einer Geschäftsnotwendigkeit des "unglücklichen" Kapitalisten. Der Luxus geht in die Repräsentationskosten des Kapitals ein.«[114]

»Außerdem macht die Entwicklung der kapitalistischen Produktion eine fortwährende Steigerung des in einem industriellen Unternehmen angelegten Kapitals zur Notwendigkeit, und die

---

[114] Karl Marx, Das Kapital, Bd. 1, S. 620

Konkurrenz herrscht jedem individuellen Kapitalisten die immanenten Gesetze der kapitalistischen Produktionsweise als äußere Zwangsgesetze auf. Sie zwingt ihn, sein Kapital fortwährend auszudehnen, um es zu erhalten und ausdehnen kann er es nur vermittelst progressiver Akkumulation.«[115] Wirtschaftswachstum – die zunehmende Bereicherung der Besitzer von Produktionsmitteln über die ständige Akkumulation des aus dem Mehrwert gewonnenen Kapitals – wird marktwirtschaftlich zum Mittel des Konkurrenzkampfes. Der Konkurrenzkampf zwischen den Unternehmen wird über die Produktivität der Arbeit geführt. Die Produktivität hängt wesentlich von der Größe der Produktion ab. »Die größeren Kapitale schlagen daher die kleineren. ... Die kleineren Kapitale drängen sich ... in Produktionssphären, deren sich die große Industrie nur noch sporadisch oder unvollkommen bemächtigt hat. Die Konkurrenz rast hier im direkten Verhältnis zur Anzahl und im umgekehrten Verhältnis zur Größe der rivalisierenden Kapitale. Sie endet stets mit Untergang vieler kleinerer Kapitalisten, deren Kapitale teils in die Hand des Siegers übergehen, teils untergehen.[116]

---

[115] Karl Marx, Das Kapital, Bd. 1, S. 618

[116] »Die Konkurrenz zwingt somit die Kapitalisten dazu, die Produktivkraftsteigerung, mit der einer anfängt, mitzumachen, selbst wenn sie individuell gar nicht an einer immer höheren Kapitalverwertung interessiert sein sollten. Die *immanenten Gesetze des Kapitals,* wie die Tendenz zur Verlängerung des Arbeitstages und zur Produktivkraftentwicklung, sind unabhängig vom Wollen der einzelnen Kapitalisten. Sie setzen sich ihnen gegenüber als *Zwangsgesetze der Konkurrenz* durch. Da jeder Kapitalist diesen Zwang kennt, wartet er normalerweise nicht, bis er ihm von den Konkurrenten auferlegt wird, sondern versucht eher der erste zu sein, der die Produktivkraft steigert, so dass er wenigstens noch etwas vom Extramehrwert hat, anstatt immer nur Verluste zu begrenzen. Im Resultat setzt jeder Kapitalist alle anderen Kapitalisten genauso unter Druck, wie er von ihnen unter Druck gesetzt wird. Und alle tun sie dies, in dem sie einem blinden "Sachzwang" folgen. Auch wenn ein Kapitalist als Person noch so genügsam sein mag - sofern er Kapitalist bleiben will, kann er sich der Jagd nach einem immer größeren Gewinn nicht entziehen.«
Michael Heinrich, Kritik der politischen Ökonomie, S.106f

Abgesehen hiervon bildet sich mit der kapitalistischen Produktion eine ganz neue Macht, das Kreditwesen, das in seinen Anfängen verstohlen, als bescheidne Beihilfe der Akkumulation, sich einschleicht, durch unsichtbare Fäden die über die Oberfläche der Gesellschaft in größeren oder kleinern Massen zersplitterten Geldmittel in die Hände individueller oder assoziierter Kapitalisten zieht, aber bald eine neue und furchtbare Waffe im Konkurrenzkampf wird und sich schließlich in einen ungeheuren sozialen Mechanismus zur Zentralisation der Kapitale verwandelt.«[117]

[117] Karl Marx, Das Kapital, Bd. 1, S. 655

4.1.3 Globalisierungskritik – ein Mittel gegen den Welthunger?

»Die Globalisierung der Armut … Seit den 1990ern hat sie alle Großregionen der Welt erfasst, einschließlich Nordamerika, Westeuropa, die Länder des ehemaligen Sowjetblocks und die "Schwellenländer" in Südostasien und im Fernen Osten. …

Armut im Westen … seit dem Beginn der 1990er, hat die Einführung strenger Sparmaßnahmen schrittweise zur Zersetzung des Wohlfahrtsstaates (einschließlich des gesamten Sozialversicherungssystems) beigetragen. … Mit dem Zusammenbruch des Wohlfahrtstaates ist die hohe Jugendarbeitslosigkeit zunehmend eine Quelle sozialer Unruhen und zivilen Ungehorsams. … Die Armut in den Gettos und Slums von amerikanischen (und vermehrt europäischen) Städten lässt sich in vielerlei Hinsicht mit jener in der Dritten Welt vergleichen. … In den 1990ern sind lokale Hungersnöte in Afrika südlich der Sahara, in Südasien und in Teilen Lateinamerikas ausgebrochen; Krankenhäuser und Schulen sind geschlossen und hunderten Millionen von Kindern das Recht auf Grundschulbildung verwehrt worden. In der Dritten Welt, in Osteuropa und auf dem Balkan sind erneut Infektionskrankheiten aufgetreten, einschließlich Tuberkulose, Malaria und Cholera. … Die Verarmung der ehemaligen Sowjetunion … Beurteilt man die Auswirkungen des wirtschaftlichen Zusammenbruchs nach dem "Kalten Krieg" auf Einkommen, Beschäftigungszahlen und staatliche Sozialleistungen, so erscheinen sie weit umfassender und zerstörerischer als jene der Weltwirtschaftskrise. … Vergleichsweise fiel in der gesamten ehemaligen Sowjetunion die Industrieproduktion (gemäß offiziellen Zahlen) in den Jahren 1989-1995 um 48,8 Prozent und das Bruttoinlandsprodukt um 44,0 Prozent … In der gesamten Region wurden große Bevölkerungsteile (da sie nicht für Elektrizität, Wasser und Verkehrsmittel aufkommen konnten) auf brutale Weise von der Neuzeit ausgeschlossen. ... In China, dem Beispiel einer "wirtschaftlichen Erfolgsgeschichte", stehen Tausende von staatlichen Betrieben vor der Liquidierung oder vor dem Zwangskonkurs, was zur Entlassung von Millionen von Arbeitern führen wird. ...

Die globale Verschlechterung der Lebensstandards ist nicht das Resultat einer "Knappheit an Produktionsmitteln" ... Die Globalisierung der Armut hat sich tatsächlich in einer Periode des rapiden technischen und wissenschaftlichen Fortschritts ereignet.«[118]

[118] »Globale Armut im späten 20. Jahrhundert«, Michel Chossudovsky, 20.05.98, Telepolis Artikel-URL: http://www.telepolis.de/r4/artikel/6/6098/1.html.

Wer sich mit der »Globalisierung der Armut« nicht abfinden will, muss der Sache auf den Grund gehen und sich ernsthaft fragen, warum es immerzu und immer mehr Armut auf der Welt gibt. Nur wenn man den Grund richtig bestimmt hat, kann man daran arbeiten, die Ursache abzuschaffen. In der Naturwissenschaft wie im praktischen Leben ist dies eine Selbstverständlichkeit. Wenn ein Flugzeug abstürzt, wird nach den Ursachen geforscht, um den nächsten Unfall zu verhindern. Wenn mein Auto liegen bleibt, muss ich den Grund wissen, um es reparieren zu können. Ist der Tank leer, oder liegt ein Motorschaden vor? Welches Teil muss ausgewechselt werden, damit das Auto wieder funktioniert? Ohne sich um die Gründe zu kümmern, es als Ungerechtigkeit zu empfinden, dass der Wagen nicht mehr fährt, oder schlicht zu fordern, der Wagen solle weiter fahren, würde als ausgesprochene Blödheit wahrgenommen. Im gesellschaftlichen Umgang mit anderen Menschen, also im Privatleben, in der Wirtschaft oder in der Politik, gibt es ebenso Gründe für das Verhalten und wer sich an etwas stört, ist gut beraten, ebenso ernsthaft die Gründe zu analysieren, das heißt, die vorherrschenden Interessen und Zwecke zur Kenntnis zu nehmen, statt schlicht ein anderes Verhalten zu verlangen. Einem Einbrecher, der den Zweck verfolgt, sich selbst über einen Diebstahl zu bereichern, und daher keinen Grund hat, auf die Belange seines Opfers Rücksicht zu nehmen, vorzuwerfen, er hätte die Tür oder das Fenster schonender behandeln sollen, die soziale Auswahl seines Opfers wäre ungerecht etc., ist gemessen an seinem Zweck absurd. Da jeder hier den Zweck klar erkennt, werden vorbeugende Maßnahmen getroffen, der Täter wird verfolgt und es wird versucht, ihm das Handwerk zu legen. Einem Unternehmer, der seinen Gewinn steigert, indem er Mitarbeiter entlässt, die er nicht mehr benötigt, vorzuwerfen, er würde seiner sozialen Verantwortung nicht nachkommen, ist gemessen am Zweck des Unternehmers, sein Kapital zu vermehren, genauso absurd. Es ist eine falsche Kritik. Die Marktwirtschaft soll über das Gewinnstreben gesteuert werden, aber bitte ohne Altersarmut, Straßenkinder und Hungersnöte. Warum soll dann nicht auch der Einbrecher einbrechen, solange er nichts klaut.

Ist die Kritik an der Globalisierung, die seit den Protesten in Seattle, Genua und Göteborg eine globalisierungskritische Bewegung entfacht hat, ein taugliches Mittel gegen die »Globalisierung der Armut«? Werden die Gründe richtig analysiert und damit die Zwecke und Interessen derer, die das Geschehen durch ihre Entscheidungen maßgeblich beeinflussen, richtig kritisiert. Wird also gegen die Gründe mobilisiert?

Die Globalisierungskritiker »sind für soziale und ökologische Gerechtigkeit im Globalisierungsprozess auf die Straßen gegangen. Ihr Protest richtete sich gegen die weltweit wachsende soziale Ungleichheit, gegen eine Globalisierung, die nur an mächtigen Wirtschaftsinteressen orientiert ist. (Attac tritt) für eine demokratische Kontrolle und Regulierung der internationalen

Märkte für Kapital, Güter und Dienstleistungen ein. Wir sind davon überzeugt, dass die Wirtschaft den Menschen dienen muss und nicht umgekehrt. Politik muss sich an den Leitlinien von Gerechtigkeit, Demokratie und ökologisch verantwortbarer Entwicklung ausrichten. Nur so kann die durch die kapitalistische Wirtschaftsweise entstehende gesellschaftliche Ungleichheit ausgeglichen werden. Attac will ein breites gesellschaftliches Bündnis als Gegenmacht zu den entfesselten Kräften der Märkte bilden.«[119]

Die Wirtschaft soll weiter über das Gewinnstreben gesteuert werden. Es soll Warenproduktion stattfinden, bei der der Zweck der Tauschwert, das Geld, ist und der Gebrauchswert lediglich das Mittel. Eigentum an Produktionsmitteln und damit der Ausschluss der Mehrheit der Bevölkerung von den Mitteln der Reichtumsproduktion wird akzeptiert, aber die Armen sollen fair behandelt werden. Gerecht soll es zugehen, doch wer die ökonomischen Verhältnisse zwischen Käufer und Verkäufer analysiert, weiß, dass dies auch der Fall ist. Verantwortungsvoll regeln und kontrollieren will Attac die Gründe der globalen Armut. Aber was ist, wenn die Wettbewerbsfähigkeit darunter leidet?

Der Sonderberichterstatter der UN-Menschenrechtskommission für das Recht auf Nahrung, Jean Ziegler, ruft zum Widerstand auf: »Über zwei Milliarden Menschen leben in "absoluter Armut", wie es das Entwicklungsprogramm der Vereinten Nationen (UNDP) nennt: ohne feste Einkünfte, ohne regelmäßige Arbeit, ohne angemessene Behausung, ohne medizinische Ver-

---

[119] www.attac.de/ueber-attac/was-ist-attac, - Juli 2006
Attac - »Association pour une Taxation des Transactions financières pour l'Aide aux Citoyens«, die französische Abkürzung für »Vereinigung zur Besteuerung von Finanztransaktionen im Interesse der BürgerInnen« – wurde 1998 in Frankreich gegründet.

sorgung, ohne ausreichende Ernährung, ohne Zugang zu sauberem Wasser, ohne Schule. ... Tag für Tag sterben auf unserem Planeten ungefähr 100 000 Menschen an Hunger oder an den unmittelbaren Folgen des Hungers. ... Jahr für Jahr bringen Hunderte von Millionen schwer unterernährter Mütter Hunderte von Millionen unheilbar geschädigter Säuglinge zur Welt. ... Unzulänglich ernährt, haben ihre Gehirnzellen bereits irreparable Schäden davongetragen. ... Die Zerstörung von Millionen Menschen durch Hunger vollzieht sich täglich in einer Art von eisiger Normalität – und auf einem Planeten, der von Reichtümern überquillt. ... Wie kann es sein, dass auf einem mit Reichtümern gesegneten Planeten Jahr für Jahr Hunderte Millionen von Menschen Opfer von äußerster Armut, gewaltsamem Tod und Verzweiflung werden? ... Die Gleichung ist einfach: Wer Geld hat, isst und lebt. Wer keines hat, leidet und wird invalide oder stirbt. Ständiger Hunger und chronische Unterernährung sind von Menschen gemacht. Verantwortlich für sie ist die mörderische Ordnung der Welt.«[120] Wogegen soll nach Zieglers Ansicht mobilisiert werden? Anstatt einmal zu klären, was Geld ist, was also den Inhalt der »Macht des Geldes« ausmacht, zieht Ziegler es vor, die Welt moralisch in gut und böse aufzuteilen. »Die transkontinentalen Privatgesellschaften, die das mächtigste Kapital und die leistungsstärksten Technologien und Laboratorien besitzen, die die Menschheit je gesehen hat, sind das Rückgrat dieser ungerechten und todbringenden Ordnung.«[121] Wir erleben eine Refeudalisierung der Welt. Und diese neue Feudalmacht trägt das Antlitz der transkontinentalen Privatgesellschaften.«[122]

---

[120] Jean Ziegler, Die neuen Herrscher der Welt und ihre globalen Widersacher, 2002, S. 13f

[121] Jean Ziegler, Das Imperium der Schande, 2005, S. 17

[122] Jean Ziegler, Das Imperium der Schande, 2005, S. 213

Für Michel Chossudovsky, einem der intellektuellen Wortführer der Bewegung von Seattle und Genua, sind die Ursachen der globalen Armut ähnlich gelagert:[123]

- »Die neue (!) internationale Wirtschaftsordnung lebt von der Armut der Menschen.«
- »Die Vernichtung von Kleinkapital – Expansion der Multis auf Kosten lokaler, regionaler und nationaler Produzenten«
- »Die Internationalisierung der makroökonomischen Politik verwandelt Staaten in wirtschaftlich frei zugängige Territorien und nationale Wirtschaftssysteme in "Vorratskammern" für billige Arbeitskräfte und natürliche Ressourcen.«

War die alte internationale Wirtschaftsordnung in Ordnung? Warum nicht den Zweck der Wirtschaftsordnung kritisieren statt lediglich die Größe des Kapitals? Ist der Manchesterkapitalismus ein Vorbild?

- »Ferner findet der Prozess der Anhäufung von Reichtum zunehmend außerhalb der eigentlichen Wirtschaft und fern von aufrichtigen produktiven und geschäftlichen Aktivitäten statt. Laut *Forbes* waren Erfolge auf dem Aktienmarkt der Wall Street [also im Spekulationshandel] für den größten Teil des Zuwachses an Millionären im letzten Jahr [1996] verantwortlich.«

Die »aufrichtigen produktiven und geschäftlichen Aktivitäten« der Kleinunternehmer, die durch die Aneignung fremder Arbeit

---

[123] »Globale Armut im späten 20. Jahrhundert«, Michel Chossudovsky, 20.05.1998, Telepolis Artikel-URL: http://www.telepolis.de/r4/artikel/6/6098/1.html.

mit Hilfe von Rationalisierung, Flexibilisierung oder Arbeitszeitverlängerung ohne Lohnausgleich versuchen, ihr privates Geld zu vermehren, liegen außerhalb dieser Kritik. Sie investieren ihren Mehrwert aufrichtig und produktiv in erweiterte Produktionsanlagen und, soweit es sich für sie lohnt, in zusätzliche Arbeitskräfte, um den einen oder anderen Wettbewerber aus dem Feld zu schlagen und vielleicht selbst einmal zum internationalen Großkonzern aufzusteigen. Das »raffende Kapital«, wie es schon die Faschisten in Abgrenzung zum »schaffenden Kapital« bezeichneten, gilt dagegen als der Grund allen Übels.

»Der Kapitalist, der den Mehrwert produziert, d.h. unbezahlte Arbeit unmittelbar aus den Arbeitern auspumpt und in Waren fixiert, ist zwar der erste Aneigner, aber keineswegs der letzte Eigentümer dieses Mehrwerts. Er hat ihn hinterher zu teilen mit Kapitalisten, die andere Funktionen im Großen und Ganzen der gesellschaftlichen Produktion vollziehen …« [124]

Der Unternehmer, ob groß oder klein, teilt sich den Mehrwert, den er aus der produktiven Anwendung seines Kapitals erzielt, nicht nur mit dem Finanzkapital, sondern mit diversen Unternehmern, die ihr Geschäft mit Dienstleitungen für das produktive Kapital machen. Neben dem Bankgewerbe, Börsenmaklern und Versicherungsunternehmen handelt es sich ebenso bei Rechtsanwaltskanzleien, Werbeagenturen, Wirtschaftsprüfgesellschaften, Steuerberatern und den Heerscharen von Verkäufern um Berufszweige, die keiner vermissen würde, wenn der Zweck der Produktion die Versorgung der Bevölkerung und nicht, wie in der Marktwirtschaft, die Vermehrung des in Geld gemessenen Reichtums wäre.

---

[124] Karl Marx, Das Kapital, Bd. 1, S. 589

Steven A. Cohen, der erfolgreiche Hedgefondmanager, mag bei Globalisierungsgegnern zwar einen schlechten Ruf haben, verfolgt aber den gleichen Zweck wie der aufrichtige produktive Fabrikbesitzer. Er investiert sein Kapital, um mehr Kapital zu erwirtschaften. Vielleicht investiert er sogar in die Fabrik des aufrichtigen produktiven Fabrikbesitzers und freut sich zusammen mit ihm darüber, dass der Gewinn kräftig gestiegen ist, nachdem für das Geschäft überflüssige Arbeitnehmer sozial abgefunden wurden. Stevens Vorteil hätte jeder aufrichtige produktive Kapitalist gerne selbst: Wenn die Rendite nicht stimmt, investiert er eben weltweit in andere, bessere Geschäfte. Jeder ist seines Glückes Schmied.

Statt also dunkle Machenschaften bei Hedgefondsmanagern, Investmentbankern oder in der Konzernzentrale global erfolgreicher Unternehmen zu beklagen, sollten diejenigen, die die »Globalisierung der Armut« stört, sich einmal fragen, ob nicht mit dem Eigentum an Produktionsmitteln beim harmlos anmutenden Warenhandel bereits die Gründe gegeben sind, die notwendig zu dem weltweiten Elend führen, das parallel zu den prall gefüllten Schaufenstern und den Wundern des technischen Fortschritts täglich vorhanden ist.

4.1.4 Das Ende der Armut: produktive Armut statt extreme Armut

»Wir werden keine Mühen scheuen, um unsere Mitmenschen – Männer, Frauen und Kinder – aus den erbärmlichen und entmenschlichenden Lebensbedingungen der extremen Armut zu befreien, in der derzeit mehr als eine Milliarde von ihnen gefangen sind.«

Am 8. September 2000 bekräftigten rund 150 Mitgliedsstaaten der Vereinten Nationen in der Millenniumserklärung den bereits 1996 entwickelten Aktionsplan zur Halbierung der extremen Armut. Ausgehend vom Basisjahr 1990 soll bis 2015 der Anteil Menschen, die Hunger leiden, halbiert werden. Ein merkwürdiges Ziel. In 15 (in Worten fünfzehn) Jahren soll die Anzahl der Menschen, die an Hunger leiden, lediglich halbiert werden. Rund 300 Millionen Menschen werden demnach elendiglich verhungern, bis das Ziel erreicht ist, und wenn das Ziel dann erreicht ist, verhungern nur noch 15 Millionen jährlich.

Wer die Millenniumserklärung der Vereinten Nationen gut findet, muss Gründe haben, warum alles andere unrealistisch und überambitioniert wäre. Einfach die Entwicklung, Produktion und Verteilung der Güter so zu organisieren, dass eine Versorgung der Menschen zustande kommt, erscheint absurd zu sein. Warum? Weil »Wirtschaft = Marktwirtschaft« so nicht funktioniert. Die Marktwirtschaft wird darüber effizient gesteuert, dass Geschäfte gemacht werden. Es muss sich für jemanden lohnen, damit produziert und verteilt wird und die, die in der Konkurrenz bisher nicht so erfolgreich waren, müssen selbst erfolgreich verkaufen, damit sie über das notwendige Geld verfügen, um ihre Bedürfnisse befriedigen zu können. Bedürftigkeit für sich genommen ist in dieser Produktionsweise kein Argument. Sie muss sich erst als zahlungsfähig erweisen, dann wird sie ernst genommen. Selbstverständlich soll den »extrem Armen« geholfen werden, aber mit Augenmaß und Realismus und in dem festen Bewusstsein, dass die marktwirtschaftlichen Grundrechnungsarten natürlich weiter gelten müssen.

»Die Herausforderung für unsere Generation besteht darin, den Ärmsten der Armen dabei zu helfen, dem Elend der extremen Armut zu entrinnen, damit sie in die Lage versetzt werden, die Entwicklungsleiter aus eigener Kraft zu erklimmen«, schreibt der für seine Arbeit als Regierungsberater international anerkannte Direktor des Earth Instituts und Leiter des UN-Millennium-Projekts, Jeffrey Sachs, in seinem Buch: »Das Ende der Armut«.[125] Der Fachmann Sachs kennt das Elend der Welt, er beschönigt nichts, und man sollte ihm auch nicht unterstellen, er wolle nicht helfen. Seine kümmerlichen Angebote zur Hilfe haben ihren Grund.

»Die Arbeit in den Textilfabriken überall in den Entwicklungsländern hat nichts Reizvolles an sich. Die Frauen legen einen bis zu zweistündigen Fußweg zur und von der Arbeit in langen, ruhigen Schlangen zurück. Haben sie um sieben oder halbacht Uhr die Fabrik erreicht, müssen sie an ihrem zwölfstündigen Arbeitstag die meiste Zeit an ihrem Platz sitzen bleiben. Häufig arbeiten sie ohne Unterlass, vielleicht mit einer kurzen Mittagspause, und haben kaum eine Möglichkeit, auf Toilette zu gehen. Begehrliche Vorgesetzte beugen sich über sie, und sie müssen stets auf sexuelle Belästigungen gefasst sein. ... Dennoch sollten die Protestierer aus den reichen Ländern eigentlich den Ausbau derartiger Arbeitsplätze fördern. ... Denn diese jungen Frauen

---

[125] Jeffrey Sachs, Das Ende der Armut, 2005, S. 39

haben bereits eine Ausgangsbasis in der modernen Wirtschaft und sich damit einen entscheidenden, messbaren Schritt von den Dörfern in Malawi entfernt. ... Die Arbeitsplätze in den Ausbeuterbetrieben sind die erste Sprosse auf der Leiter, die aus der extremen Armut herausführt.«[126]

Solche Horrorzustände haben also auch ihr Positives, wenn man sie nur in die richtige Perspektive einordnet. »Wenn Länder ihren Fuß erst einmal auf die unterste Sprosse der Entwicklungsleiter gesetzt haben, sind sie im Allgemeinen in der Lage, auch die nächste Sprosse zu erklimmen. Auf jeder neuen Sprosse greifen positive Entwicklungen dann enger ineinander: höherer Kapitalstock, größere Spezialisierung, modernere Technik und eine geringere Geburtenrate. Wenn ein Land so tief in der Armut steckt, dass es selbst die unterste Sprosse verfehlt, kann der Prozess gar nicht erst einsetzen. Das Hauptziel besteht also darin, den ärmsten Ländern dabei zu helfen, den Fuß auf die unterste Sprosse zu setzen. Die reichen Länder sind nicht aufgefordert, so viel Geld in die armen Länder zu stecken, dass diese schnell reich werden. Sie müssen nur so viel investieren, dass diese Länder überhaupt auf die Leiter kommen. Danach sind diese in der Lage, den Weg zu anhaltendem Wirtschaftswachstum selbst zu gehen. Wirtschaftliche Entwicklung funktioniert. Sie kann gelingen. Sie trägt sich in der Regel selbst. Aber sie muss in Gang gesetzt werden.«[127]

Wohin die Leiter führt, wenn man trotz der Konkurrenz oben ankommt, kann man am Beispiel der USA studieren. Der Nation mit dem höchsten Pro-Kopf-Einkommen, wenn man die Einkommen der Arbeits- und Obdachlosen, der 35 Millionen working poor, der Fabrikarbeiter und einfachen Angestellten,

---

[126] Jeffrey Sachs, Das Ende der Armut, 2005, S. 23f
[127] Jeffrey Sachs, Das Ende der Armut, 2005, S. 94

der Investmentbanker und Unternehmer, der Tante-Emma-Läden und der weltweit erfolgreichen US-Konzerne addiert und durch die Anzahl der Bevölkerung teilt. Auch wenn auf der obersten Sprosse der marktwirtschaftlichen Leiter vielleicht keiner verhungern muss, ändert dies nichts daran, dass die Mittellosigkeit der Mehrheit der Bevölkerung die Grundlage dieser Sorte Reichtumsproduktion ist. Produziert wird in der Marktwirtschaft nur, wenn es sich für die Besitzer der Produktionsmittel lohnt, wenn aus dem investierten Geld mehr Geld gemacht werden kann. Die Differrenz zwischen dem Preis der Ware Arbeitskraft und dem Wert der Waren, die sie schafft, ist das Geheimnis der Geschäftemacherei. Produktive Armut ist ihre Bedingung, das heißt die Fähigkeit und die Notwendigkeit der eigentumslosen Bevölkerung, täglich ihre Arbeitskraft zur nutzbringenden Anwendung für die Vermehrung fremden Eigentums anzubieten.

Wenn Professor Sachs vom »Ende der Armut« spricht, geht es ihm darum sicherzustellen, »dass alle Armen der Welt, auch diejenigen, die nicht an ihrer extremen Form leiden, eine Chance haben, auf der Entwicklungsleiter nach oben zu gelangen.«[128] »Die Investitionen würden sich also schon bald nicht nur in Form geretteter Menschenleben, gut ausgebildeter Kinder und aufrechterhaltener Gemeinden, sondern auch durch direkte kommerzielle Einkünfte amortisieren.«[129] »So gesehen, ist die Auslandshilfe kein Almosen, sondern eine Investition, die eine endgültige Befreiung aus der Armutsfalle ermöglicht.«[130] Der Maßstab des Reichtums ist das Geld und bestimmt damit auf jeder Stufenleiter der marktwirtschaftlichen Konkurrenz, dass es nicht um Versorgung bei gleichzeitiger Verringerung des Ar-

---

[128] Jeffrey Sachs, Das Ende der Armut, 2005, S. 39
[129] Jeffrey Sachs, Das Ende der Armut, 2005, S. 290
[130] Jeffrey Sachs, Das Ende der Armut, 2005, S. 303

beitsaufwandes, sondern um Geldvermehrung durch möglichst lange, intensive und produktive Verausgabung von gesellschaftlicher Durchschnittsarbeit geht. Effiziente, d.h. ausnutzbare Löhne und Gehälter, möglichst lange und intensive Arbeitstage, Gebrauchswerte in vielfach abgestufter Qualität für jeden Geldbeutel und die zunehmend offene Frage, ob man im Alter überhaupt noch über Zahlungsfähigkeit verfügt, prägen auch auf den oberen Stufen der Leiter den marktwirtschaftlichen Alltag für die Mehrheit der Bevölkerung.

Produktive Armut statt extremer Armut ist alles, was sich ein strenger Verfechter der Marktwirtschaft denken kann, und Hilfe zur Selbsthilfe das Einzige, was zur Beseitigung der extremen Armut machbar ist. Das bedeutet, denen, die in der Konkurrenz um das lohnende Geschäft den Kürzeren gezogen haben, soll geholfen werden, gegen die, die in der Konkurrenz erfolgreich waren, selbst erfolgreich zu werden. Wenn sie dann immer noch nicht erfolgreich sind, kann ihnen auch keiner mehr helfen. So funktioniert die Marktwirtschaft. Wer das normal findet, sollte sich dann auch nicht wundern, wenn 2015 (wie schon mehrfach angekündigt) neue Ziele gesetzt werden, weil die alten, gemessen am Zweck, Geschäfte zu machen, vielleicht doch unrealistisch und überambitioniert waren.

4.2 Was haben die so genannten Kommunisten eigentlich falsch gemacht?

»Zur Hebung dieses Übels verbreiten die Sozialisten, indem sie die Besitzlosen gegen die Reichen aufstacheln, die Behauptung, der private Besitz müsse aufhören, um einer Gemeinschaft der Güter Platz zu machen. Ist dieses Programm nicht sehr ungerecht, indem es die rechtmäßigen Besitzer vergewaltigt?« [131]

Gerecht oder ungerecht als Titel für den eigenen Standpunkt ist für Kommunisten eine langweilige Debatte. Interessanter ist die Frage, ob es im Interesse der Mehrheit der Bevölkerung sein kann, sich für die effiziente Vermehrung des Privateigentums an Produktionsmitteln einzusetzen, statt sich für eine auf den Zweck der Versorgung der Bevölkerung bezogene effiziente Organisation der Produktion stark zu machen.

Wenn bei der Herstellung von Gebrauchswerten das Geld, der Zweck ist, wenn die Vermehrung des Geldes, das Wachstums des Kapitals, das Ziel der Produktion ist, dann verkommen die Gebrauchswerte zusammen mit der arbeitenden Bevölkerung zum Material dieser Sorte von Reichtum. Die »kritischen« Befürworter der Marktwirtschaft nehmen die von ihnen empfundenen »Missstände«, »Ungerechtigkeiten« und »sozialen Härten« zum Anlass, eine stärkere Reglementierung der freien Marktkräfte zu fordern. Die von Karl Marx entwickelte »Kritik der politischen Ökonomie« zielt demgegenüber darauf, die Gegensätze, die aus Ware und Geld, Lohnarbeit und Kapital notwendig entstehen, nicht zu entschärfen, sondern zu beseitigen,

---

[131] Papst Leo XIII. in der für die christliche Soziallehre epochemachenden Enzyklika Rerum novarum (1891)

indem die Privatmacht des Geldes außer Kraft gesetzt wird, indem die heilige Kuh, das Privateigentum an Produktionsmitteln, geschlachtet wird. An die Stelle der Konkurrenz auf dem Markt tritt damit die Planwirtschaft, ein Wirtschaftssystem, das keiner sozialpolitischen Korrekturen bedarf, da es von vorneherein nicht auf Kosten, sondern zum Nutzen der arbeitenden Bevölkerung organisiert wird. Die Freiheit und der Erfolg des privaten Kapitals, die Wettbewerbsfähigkeit bezogen auf die effiziente Geldvermehrung und die entsprechende Unterwerfung der privaten Bedürfnisse unter die »Sachzwänge« des Marktes werden so nicht länger als Gebot jeglicher Vernunft behandelt. Der Fetisch ist entzaubert.

Im Anschluss an die russische Revolution von 1917 haben die so genannten realsozialistischen Länder in Anlehnung an die Analyse von Karl Marx die Kritik am Kapitalismus praktisch werden lassen, indem sie das Privateigentum an Produktionsmitteln und damit die Privatmacht des Geldes aufgehoben haben. Durch das der arbeitenden Bevölkerung zugestandene »Recht auf Arbeit« sowie die Festsetzung niedriger Preise für das Lebensnotwendige entfiel weitgehend das Elend, das in der Marktwirtschaft dadurch entsteht, dass auch die elementarsten Lebensmittel Geschäftsmittel sind. Darüber hinaus hat sich die Lage der Bevölkerung – Arbeits- und Umweltbedingungen,

Qualität der Gebrauchswerte, Teilhabe am technischen Fortschritt – nicht wesentlich verbessert. Warum ist das so? Was wurde falsch gemacht?[132]

Der Ausgangspunkt der praktizierten Kritik der Begründer des realen Sozialismus war nicht die Kritik an Ware und Geld, sondern die von ihnen empfundene Ungerechtigkeit der privaten Bereicherung. Ähnlich wie die Kritiker der Marktwirtschaft, die angesichts der »sozialen Missstände« staatliche Eingriffe fordern, haben auch die radikaleren Kritiker die Gründe der Verarmung nicht zur Kenntnis genommen, sondern den Kapitalisten die Vermögen und Produktionsmittel weggenommen, um das für nützlich und harmlos eingestufte Kaufen und Verkaufen sowie den Umgang mit Preisen und Gewinnen der staatlichen Verantwortung zu übertragen.

Den Widerspruch, der in Ware und Geld liegt – die Gebrauchswertherstellung soll über einen fremden Zweck gesteuert werden, über das Geld –, haben sie nicht aufgelöst, sondern den staatlichen Planungsbehörden überlassen. Die Kritik von Marx am Wertgesetz haben sie nicht geteilt. Sie wollten das Wertgesetz planmäßig anwenden, statt die Gesetze von Waren-, Geld-

---

[132] Die verbreiteten falschen Erklärungen geben außer ihrer Parteilichkeit für die Marktwirtschaft inhaltlich wenig zu Protokoll: Der schlichte Vorwurf, Planwirtschaft sei Mangelwirtschaft, hält es gar nicht mehr für nötig, Gründe ins Feld zu führen. Dass der Zweck nicht die Erzeugung von Mängeln war, würde auch keiner ernsthaft vertreten wollen. Der Vorwurf, es handle sich um eine zentralistische Kommandowirtschaft, will den gleichen Tatbestand bei einem erfolgreichen globalen Konzern nicht als Einwand verstehen. Der Vorwurf, Planwirtschaft ginge mit Unfreiheit und Unterdrückung einher, will sich mit dem Inhalt der hochgelobten Freiheit am kapitalistischen Arbeitsplatz und den durch die Größe des Geldbeutels bestimmten Möglichkeiten nach Feierabend gar nicht ernsthaft befassen. Der Vorwurf, der Mensch sei ein fauler Hund, der ohne den Druck der marktwirtschaftlichen Konkurrenz gar nichts zustande brächte, meint natürlich immer die anderen.

und Gewinnproduktion abzuschaffen. Infolgedessen haben sie die aus der marktwirtschaftlichen Konkurrenz entspringenden Interessensgegensätze ersetzt durch genauso viele vom Staat aufgeherrschte Interessenskollisionen. Statt den Bedarf an Lebensmitteln, Kleidung, Wohnraum, Freizeitgütern, Infrastruktur, Transportmitteln etc. zu ermitteln, statt Forschung, Entwicklung und Produktion auf den Zweck zu verpflichten, qualitativ hochwertige Gebrauchswerte unter Berücksichtigung verträglicher Arbeitsbedingungen herzustellen, statt die Distribution der Güter zu organisieren, wurde von den Ländern des realen Sozialismus eine Planwirtschaft unter Zuhilfenahme von Ware-Geld-Hebeln ins Leben gerufen. Die Produktion und Verteilung des gesellschaftlichen Reichtums wurde über staatlich festgelegte Preise und Gewinnvorgaben stimuliert und kontrolliert. Über die Unterordnung des Gebrauchswertes unter den Tauschwert, die in der Marktwirtschaft zwecks privater Geschäftemacherei erfolgt, sollten die staatlich erwünschten, und für nützlich und gerecht angesehenen Produktions- und Verteilungsergebnisse gesteuert werden. Entsprechend kreativ haben die Betriebe des realen Sozialismus – angesichts der vorgegebenen Gewinnerwartungen – mit der ihnen vorgegebenen Unterordnung des Gebrauchswertes unter den Tauschwert gewirtschaftet. Die von ihnen geforderte Optimierung der Hauptkennziffern der Planung – Übererfüllung von Menge und Gewinn – wurde konsequenterweise im rücksichtslosen Umgang mit den Produktionsfaktoren Material und Arbeit umgesetzt. Mangelhafte Gebrauchswerte, Umweltverschmutzung und schlechte Arbeitsbedingungen gingen einher mit einer nicht am Gebrauchswert, sondern am Gewinn orientierten Übererfüllung der Plankennziffern. Da mit den staatlich festgesetzten Preisen der Verkauf gesichert war, konnte die Produktion unnützer Güter durchaus ein Mittel der Planübererfüllung sein.

Die Folgen des Widerspruches, mit dem Zweck der abstrakten Geldvermehrung zugleich den Zweck einer geregelten Gebrauchswertversorgung zu verfolgen, wurden inhaltslos als »Planungsfehler« und »Missstände« besprochen.[133] Als Gegenmaßnahme ließen sich die Planungsbehörden dann diverse Vorschriften bezüglich Menge und Qualität der Produkte einfallen. Die hierüber ständig erzeugten Zielkonflikte zwischen Qualität, Mengen- und Gewinnvorgaben lösten die realsozialistischen Betriebe kreativ, jeder auf seine Weise. Moralische Appelle, sich ungeachtet der Ware-Gewinn-Hebel im Namen des Aufbaus vorbildhaft zu verhalten, standen entsprechend hoch im Kurs. An den Gründen für »Planungsfehler« und »Missstände« änderte die Moral natürlich nichts. Staatliche Sanktionen und Unterdrückung der unzufriedenen Bevölkerung waren daher auch im realen Sozialismus erforderlich. Da Ware, Geld und Lohnarbeit nicht abgeschafft, die Unterwerfung der Menschen unter das Wertgesetz nicht kritisiert, sondern lediglich durch den realsozialistischen Staat geregelt werden sollte, wurde der Erfolg dieser Wirtschaftsform wie in der Marktwirtschaft an der auf Geldvermehrung bezogenen Effizienz gemessen. Der – gemessen an diesem marktwirtschaftlichen Kriterium – ausbleibende Erfolg der realsozialistischen Warenwirtschaft wurde schließlich unter der Führung von Michail Gorbatschow konsequenterweise selbst zum Anlass genommen, die im Realsozialismus praktizierte bewusste »Anwendung des Wertgesetzes« aufzugeben und den Kapitalismus als überlegene Wirtschaftsordnung anzuerkennen.[134]

---

[133] Wo nicht über Ware-Geld-Hebel, sondern über den Zweck, bestimmte Gebrauchswerte herzustellen, gesteuert wurde, wie z.B. in der Rüstungsindustrie, kamen übrigens trotz »zentralistischer Kommandowirtschaft« beachtliche Ergebnisse zustande.

[134] Vgl. hierzu: Karl Held (Hrsg.), Das Lebenswerk des Michail Gorbatschow. Von der Reform des »realen Sozialismus« zur Zerstörung der Sowjetunion, 1992

Das Elend des realen Sozialismus, der Versuch, das Wertgesetz zum Nutzen der Bevölkerung anzuwenden, zeigt, was auch das Elend der Marktwirtschaft täglich vor Augen führt: Gesellschaftliche Reichtumsproduktion, die als Warenwirtschaft über den Zweck, abstrakten, in Geld gemessenen Reichtum zu vermehren, gesteuert wird, degradiert die Menschen und ihre konkreten Bedürfnisse zum bloßen Mittel dieser Sorte von Reichtumsproduktion.

Anhang: Anmerkungen zur aktuellen Diskussion zum Verständnis des Wertes, der Wertgegenständlichkeit und des Fetisch

In akademischen Kreisen erhält die Person Marx und sein Werk »Das Kapital« wieder Beachtung. Zugleich bekennt sich dieses neue Interesse schon vorab zu der Unabgeschlossenheit, zu der philosophischen Weite und der Vielfältigkeit und Widersprüchlichkeit der Aussagen von Marx, so dass hier der äußerliche Standpunkt eins erreicht: Über Marx' Argumentation erfährt man nichts. In dieser Lage heben sich die Bücher von Michael Heinrich heraus. Er fordert den Leser auf, Marx im Original zu lesen, um die Oberflächlichkeit vieler Marxinterpreten zu erkennen. Er ist gegen vorschnelle Verbesserungsvorschläge, die nur negative soziale Wirkungen der Marktwirtschaft beklagen und sich nicht klarmachen, dass diese mit den ökonomischen Formen von Ware, Geld, Kapital zu tun und darin ihre Ursache haben. Außerdem hebt er sich von der akademischen Diskussion ab, denn »die Frage, wie der gegenwärtige Kapitalismus funktioniert, ist keine abstrakt akademische, vielmehr hat die Antwort auf diese Frage unmittelbar praktische Relevanz für jede kapitalismuskritische Bewegung.«[135] Heinrich stellt sich in einen Diskussionsprozess, in dem sich auch mein Buch sieht. Die folgenden Anmerkungen dienen also der klärenden Auseinandersetzung.

An dieser Stelle sei auf Missverständnisse von Heinrich aufmerksam gemacht, die ihm bei der Rezeption des »Kapital« unterlaufen sind. Die erste Anmerkung betrifft das Verhältnis von Wert und Tauschwert oder von Wert und Austausch. Heinrich schreibt:

---

[135] Michael Heinrich, Kritik der politischen Ökonomie, S. 8

»Abstrakte Arbeit ist nicht sichtbar, sichtbar ist immer nur eine bestimmte konkrete Arbeit. ... Im Tausch wird vom Gebrauchswert der Waren abstrahiert, die Waren werden als Werte gleichgesetzt (der einzelne Käufer kauft natürlich nur, weil er an diesem Gebrauchswert interessiert ist, bzw. er unterlässt den Tausch, wenn er diesen Gebrauchswert nicht will; kommt es aber zum Tausch, dann werden die Waren als Werte gleichgesetzt). Erst indem die Waren als Werte gleich gesetzt werden, wird faktisch von der Besonderheit der sie produzierenden Arbeit abstrahiert, diese gilt jetzt nur als wertbildende "abstrakte" Arbeit. Die Abstraktion findet also real statt, unabhängig davon, was sich die beteiligten Warenbesitzer dabei denken.«[136]

Fassen wir noch einmal zusammen: Abstrakte Arbeit ist nicht sichtbar, sichtbar ist nur konkrete Arbeit; im Tausch werden sie – dann – als Werte gleichgesetzt. Erst (!) indem sie als Werte gleichgesetzt werden, wird faktisch (!) von der Besonderheit der Arbeit abstrahiert, diese gilt jetzt (!) als abstrakte Arbeit, die Abstraktion findet also real (!) statt. Wäre es so, wie Heinrich meint, dass der Wertcharakter der Ware aus dem Tausch folgt, dann würde die Warenproduktion, ihre Wirkung erst auf dem Markt entfalten: Mit der Entscheidung darüber, was meine Ware und damit meine in der Ware enthaltene Arbeit wert ist bzw. ob sie überhaupt als gesellschaftliche Arbeit anerkannt wird. Vor dem Gang zum Markt wäre die Welt der Warenproduzenten noch in Ordnung. Der Wertcharakter der Ware folgt aber aus dem Doppelcharakter der Arbeit und nicht aus dem Tausch. Heinrich missversteht den Charakter abstrakter Arbeit, die doch gerade ihren Maßstab in der Durchschnittsarbeit hat (= möglichst lange, intensive und produktive Durchschnittsarbeit) und nicht nur als gedankliche Abstraktion gedacht ist, die nachträg-

---

136 Michael Heinrich, Kritik der politischen Ökonomie. S. 47f

lich über den Tausch auf die Arbeit zurückreflektiert wird und dadurch von der bloßen Abstraktion nun zu einer Realabstraktion werde. Angefangen von der Produktionsentscheidung bis-hin zur täglichen Ausrichtung der Arbeit bestimmt in einer warenproduzierenden Gesellschaft die »Verrücktheit« dieses Reichtumsmaßes schon lange bevor die Waren auf den Markt getragen werden, dass es nicht um Versorgung bei gleichzeitiger Verringerung des Arbeitsaufwandes, sondern um Geldvermehrung durch möglichst lange, intensive und produktive Verausgabung von gesellschaftlicher Durchschnittsarbeit geht. Für diese Sichtweise spricht auch der Fortgang der Marxschen Argumentation im »Kapital«, die oben als »Das Einmaleins der Bereicherung« dargestellt wurde. Da Durchschnittsarbeit der Maßstab des Werts ist, ist die Reichtumsproduktion im Kapitalismus zugleich die ständige Durchsetzung der Durchschnittsarbeit in der Produktion: Kooperation und Industrie unter dem kapitalistischen Kommando sind dann die Formen, in denen ständig lange und intensiv gearbeitet werden muss.

Eine zweite Anmerkung bezieht sich auf den Fetisch.

Heinrich sagt: »Die Herrschaft des Werts über die Menschen ist kein gesellschaftliches Naturgesetz, sondern das Resultat eines ganz bestimmten Verhaltens der Menschen, und dieses Verhalten lässt sich – zumindest im Prinzip (!) –auch ändern. Eine Gesellschaft ohne Ware und Geld ist denkbar.«[137] »Mit der ‚Personifizierung der Sachen und Versachlichung der Produktionsverhälnisse' (MEW 25, S. 838) scheint der Kapitalismus als Ganzer gegen Kritik aber weitgehend immun zu werden.«[138] »Dem Fetischismus der gesellschaftlichen Verhältnisse unterliegen alle Mitglieder der bürgerlichen Gesellschaft. Dieser Feti-

[137] Michael Heinrich, Kritik der politischen Ökonomie, S. 74f
[138] Michael Heinrich, Kritik der politischen Ökonomie, S. 186

schismus schlägt sich in ‚objektiven Gedankenformen' nieder, welche die Wahrnehmung aller Gesellschaftsmitglieder strukturieren. Weder Kapitalisten noch Arbeiter haben eine privilegierte Position, um dem Fetischismus zu entgehen.«[139] »Alle, auch diejenigen, die vom Wirken des Kapitalismus profitieren, sind Teil eines großen Räderwerks. Der Kapitalismus erweist sich als eine anonyme Maschine.«[140]

Auch wenn Heinrich von »im Prinzip« änderbar und denkbar spricht, liegt seine Auffassung nahe an der Vorstellung, dass der Gegenstand das Denken bestimme. Die praktische Notwendigkeit, sich Geld besorgen zu müssen, um Lebensmittel zu kaufen, hindert aber niemanden daran, der Frage nachzugehen, was denn die »Macht des Geldes« ausmacht, jeder kann trotz der praktischen Notwendigkeit, mit Geld umgehen zu müssen, sich erklären, was Geld ist. Das Nachdenken über die Gegenstände Ware, Geld und Lohnarbeit wird nicht durch diese selbst beherrscht, auch wenn ich jeden Tag Geld zum Einkaufen benötige und meinem »Arbeitgeber« meine Arbeit zur Verfügung stelle, die er rentabel nutzt.

Nach Heinrich »scheint der Kapitalismus als Ganzer gegen Kritik aber weitgehend immun zu werden«. Ein Verblendungszusammenhang gegen den Kritik aussichtslos ist, weil man scheinbar keine gesellschaftlichen Interessensgruppen mehr erkennen könne, die sich die kapitalistische Bereicherung zu ihrem subjektiven Zweck machen und sie auch tatkräftig im Ausnutzen der Lohnarbeit durchsetzen. Stimmt das Gerede vom Verblendungszusammenhang denn überhaupt, wenn man sich z. B. den Unterschied von Wert der Arbeitskraft und Wert der Arbeit überlegt? Wenn man vom Wert der Arbeit spricht, dann tut

---

[139] Michael Heinrich, Kritik der politischen Ökonomie, S. 185
[140] Michael Heinrich, Kritik der politischen Ökonomie, S. 186

man so, also würde der Lohn dem gesamten geschaffenen Neuwert entsprechen. Die Illusion, die durch die Bezahlungsform hervorgerufen wird, verschwindet aber sofort, sobald statt des einzelnen Kapitalisten und des einzelnen Arbeiters Kapitalistenklasse und Arbeiterklasse betrachtet werden. Die Gesamtsicht zeigt nämlich, dass die eine ökonomische Klasse sich das Gesamtprodukt aneignet und nur einen Teil davon zurückgibt.[141] Marx sprach auch bei der Verwechslung von Arbeitskraft und Arbeit, die durch den Lohn entsteht, nicht vom Produktionsverhältnis als einer »anonymen Maschine«, sondern er kannte noch ökonomische Klassen und einen Klassengegensatz. Und an den erinnert er hier bei der Kritik der Illusion der Lohnform, die es so erscheinen lässt, als würde alle Arbeit bezahlt. Der Unterschied zwischen der Kritik eines Verblendungszusammenhangs und der Kritik der Ausnutzungsverhältnisse der Lohnarbeit ist sehr grundsätzlich: Im Fall der Vorstellung eines Verblendungszusammenhangs redet man über die Bedingungen und Möglichkeiten einer Kritik, während man im anderen Fall die benutzte Mehrheit über die Widersprüchlichkeiten ihres falschen Bewusstseins aufklärt, mit dem sie gute, d. h. praktisch notwendige Gründe ihres eigenen Schadens, der mit der funktionierenden Lohnarbeit organisiert ist, anerkennen.

---

[141] Vgl. hierzu: Karl Marx, Das Kapital, Bd. 1, S. 593

Literaturverzeichnis

Michel Chossudovsky

Global Brutal – Der entfesselte Welthandel, die Armut, der Krieg, Zweitausendeins-Vertrieb 2002
»Globale Armut im späten 20. Jahrhundert«
http://www.telepolis.de/r4/artikel/6/6098/1.html

Arne Daniels, Stefan Schmitz

Die Geschichte des Kapitalismus. Vom Webstuhl zum World Wide Web, Heyne Verlag 2006

Peter Decker, Konrad Hecker

Das Proletariat, GegenStandpunkt Verlag 2002

Michael Heinrich,

Kritik der politischen Ökonomie. Eine Einführung Schmetterling Verlag, 3. Auflage 2005

Karl Held (Hrsg.)

Das Lebenswerk des Michail Gorbatschow. Von der Reform des »realen Sozialismus« zur Zerstörung der Sowjetunion, GegenStandpunkt Verlag 1992

Naomi Klein

Die Schock-Strategie. Der Aufstieg des Katastrophen-Kapitalismus, S. Fischer Verlag 2007

Karl Marx

Das Kapital - Kritik der politischen Ökonomie, Bd.1, Dietz Verlag 1971

Wolfgang Möhl, Theo Wentzke
Das Geld. Von den vielgepriesenen Leistungen des schnöden Mammons, GegenStandpunkt Verlag 2007

Jeffrey Sachs
Das Ende der Armut, Siedler Verlag 2005

Joseph Stiglitz
Die Schatten der Globalisierung, Siedler Verlag 2002

Jean Ziegler
Das Imperium der Schande, Bertelsmann Verlag 2005
Die neuen Herrscher der Welt, Goldmann Verlag 2005

www.attac.de

www.aerzte-ohne-grenzen.de

Lebenslagen in Deutschland – Der 3. Armuts- und Reichtumsbericht der Bundesregierung, 2008, www.bmas.de

www.gegenstandpunkt.com

www.kapital.gegeninformation.net

Versteckte Zitate: Seite 45 Günter Jauch (www.abendblatt.de), Seite 80 Angela Merkel (Neujahrsansprache 01.01.2006), Seite 116 Papst Leo XIII. (Enzyklika Rerum novarum), Seite 184 Winston Churchill